学前儿童美术教育与探索

白静◎著

中国商业出版社

图书在版编目（CIP）数据

学前儿童美术教育与探索 / 白静著. -- 北京 : 中国商业出版社, 2024. 7. -- ISBN 978-7-5208-3008-9

Ⅰ. G613.6

中国国家版本馆 CIP 数据核字第 20241EM092 号

责任编辑：葛　伟

中国商业出版社出版发行

（www.zgsycb.com 100053 北京广安门内报国寺 1 号）

总编室：010-63180647　编辑室：010-83128926

发行部：010-83120835/8286

新华书店经销

河北领秀数字印刷有限公司印刷

*

787 毫米 ×1092 毫米　16 开　8.75 印张　125 千字

2024 年 7 月第 1 版　2024 年 7 月第 1 次印刷

定价：59.00元

* * * *

（如有印装质量问题可更换）

前　言

学前儿童美术一般是指绘画、手工和美术欣赏等比较简单的活动，以其特定的图形和色彩，清晰地表现出大自然和社会的和谐之美，运用其鲜明而又极具感染力的特征增强儿童对世界的感知力，并不断地提高儿童的审美能力和造型创造力。幼儿时期是人类艺术才能开始表现的时期，此时对儿童进行艺术创造的教育训练会有非常显著的效果。而美术教育又是艺术教育中非常重要的一部分，儿童审美能力的提高会为其今后素质与文化修养的提高奠定良好的基础。根据工具论，应一切以儿童自然发展为主，避免正面干涉，早期应尽可能让儿童发挥天性去创造，因此美术教育对于儿童今后的全面发展是非常重要的。本书将深入探讨学前儿童美术教育的重要性，并提供丰富的教学方法和实践经验，旨在帮助教师或家长更好地引导儿童在美术领域的探索与发展。

广义的学前儿童美术教育作为一种社会文化现象，也包含对整个社会文化环境间接的影响作用，如通过学前儿童美术教育去影响社会文化氛围、改变生活和生存环境、发展和延续美术文化等。学前儿童美术教育的终极目标是为培养全面发展的人打下基础。学前儿童美术教育是对学前儿童实施的全面发展教育的一个有机组成部分。美术教育不仅在现实生活层面上，更重要的是在对美的追求层面上，使儿童逐渐感受和理解真、善、美，排斥和去除伪劣、邪恶及丑陋的事物，引起儿童的情感律动，给儿童以美的享受和性情的陶冶，促使儿童在认知、情感和人格等方面得到健康发展。

本书从学前儿童美术教育的理论基础出发，系统地阐述了学前儿童美术发展的阶段特征、学前儿童美术教育的原则与目标以及学前儿童美术教育的具体实施策略等。在学前儿童美术教育的实践中，不仅要关注儿童美术技能的培养，更要注重儿童创造力、想象力和审美情感的培养。因此，本书在介绍学前儿童美术教育的具体实施方法时，特别强调了以儿童为中心的教育理念，倡导教师在教育过程中充分尊重儿童的主体地位，引导儿童通过观察、体验、创作等多种方式，发现和感受生活中的美，从而激发儿童的创造力和想象力。

在写作过程中，本书力求做到内容全面、结构清晰、语言通俗易懂，注重理论与实践的结合，力求使本书既具有理论深度，又具有实践指导意义。笔者相信，这本书的出版将有助于推动我国学前儿童美术教育事业的健康发展。

最后，笔者要感谢所有为本书写作付出辛勤努力的人员。同时，笔者也期待广大读者能够给予宝贵的意见和建议，共同推动学前儿童美术教育的不断进步和发展。

白　静

2024年2月

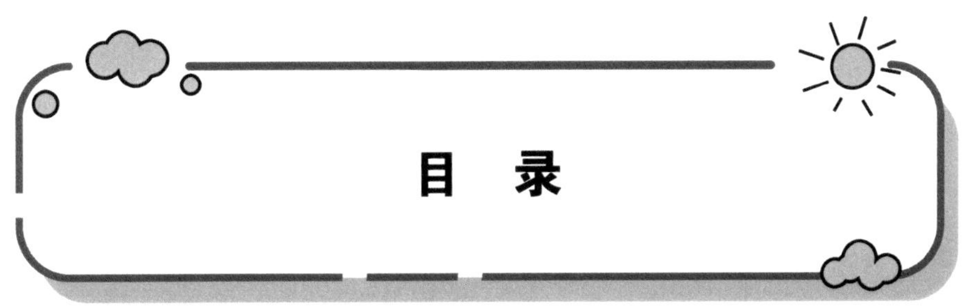
目　录

第一章　学前儿童美术教育概述

在儿童的成长过程中，美术教育是一块重要的基石。它不仅涵盖了审美能力的培养，还关乎情感、认知和创造力的发展。本章将从学前儿童美术教育的内容、特点以及美术教育与学前教育的关系三个方面进行阐述，为读者提供一个全面的学前儿童美术教育概览。

第一节　学前儿童美术教育的内容

学前儿童美术教育的内容包括美术创作、美术欣赏等方面。在美术创作方面，可以通过学习不同的绘画技法和风格来培养儿童的造型能力和对色彩的认知能力，从而提高儿童的观察力和表现力；可以让儿童动手制作各种手工作品，通过拼贴、雕塑等活动锻炼儿童的空间想象力和造型表现能力。在美术欣赏方面，应该注重培养儿童的审美情感和艺术素养，让他们学会欣赏美、创造美、感受美。通过多样化的美术活动，帮助儿童激发对艺术的兴趣，培养他们的审美能力和创造力，让他们在美术领域得到全面的发展。

总的来说，学前儿童美术教育的目标不仅是传授技法和知识，更重要的是激发儿童的创造力和想象力，让他们在艺术的世界感受快乐，实现自我价值。因此，教育者在设计美术教育的内容时，应该根据儿童的发展规律和特点，注重培养他们的艺术修养和审美能力，让他们得到全面的提升。

学前儿童美术教育的内容主要涉及引导3～6岁的学龄前儿童参与美术活动，这些活动旨在帮助他们接触周围环境和生活中的各种事物，从而丰富他们的审美情感和感性经验，并激发他们创造美的情趣。这一过程反映了儿童对周围环境的情感体验，是他们认识世界、表达自我、发展创造力的重要途径。

一、学前儿童美术教育的内容

学前儿童美术教育的内容主要包括以下几个方面。

（一）美术欣赏活动

学前儿童美术欣赏活动主要是教师引导儿童欣赏和感受美术作品、人文环境和自然景物中的美好事物。通过欣赏活动，儿童可以接触到不同风格的绘画、手工艺、雕塑、建筑等美术作品，了解各种美术形式和表现手法，从而丰富他们的审美经验，提升他们的审美情趣和审美评价能力。同时，欣赏活动也有助于激发儿童的创造欲望，培养他们的审美创造能力。

在学前儿童美术欣赏活动中，教师可以选取一些具有教育意义和艺术价值的作品，让儿童通过观察、思考和交流的方式去感受艺术的魅力。教师可以通过引导、问答、解说等形式，帮助儿童理解作品背后的故事和意义，引导他们从中获取灵感和启发。除了在教室里开展美术欣赏活动，教师也可以组织户外实地考察，带领儿童走进美术馆、画廊、公园等地方，让他们身临其境地感受艺术的魅力。同时，教师还可以邀请专业美术家或艺术爱好者进行讲解和演示，为儿童提供更具有深度和广度的美术欣赏体验。

学前儿童美术欣赏活动不仅可以拓宽儿童的艺术视野，培养他们对美的敏感性和独立审美能力，还可以促进他们的情感沟通、认知发展和创造性思维能力的培养。

（二）绘画活动

绘画活动是学前儿童美术教育的重要组成部分。绘画活动不仅有助于培养儿童的观察力、想象力和创造力，还能激发他们的审美情趣和表现欲。绘画是一种具有自由表达性的艺术形式，可以让儿童展现自己独特的想法和情感。通过绘画，他们可以表达对周围世界的感知和体验，展示内心世界的丰富与多彩。在绘画活动中，儿童可以通过调配颜色、运用线条、布局构图等方式来表达自己的情感和想法。他们可以选择不同的素材和工具，探索绘画的无限可能性，从而培养自己的创造性思维和实践能力。绘画活动也是一种与周围环境互动的方式，可以让儿童更好地理解和欣赏世界的美好和多样性。

在绘画过程中，学前儿童需要动手操作，这可以促进他们的脑、手、眼协调能力和精细动作的发展。他们需要掌握画笔的轻重、颜色的搭配、画面的构图等技巧，这些都是需要通过不断练习和观察才能获得的。因此，绘画活动可以培养儿童的耐心和专注力，提高他们的细致性和创造力。

绘画活动不仅可以帮助儿童提升绘画技巧，还可以促进他们的身心发展。在绘画的过程中，儿童需要集中注意力、细致观察和灵活思维，这些能力不仅有助于提升他们的学习效果，还可以促进他们认知能力的发展。因此，绘画活动对于学前儿童来说意义重大，是一种既富有趣味又有教育意义的活动。

教师在绘画活动中扮演着重要的角色，需要引导学前儿童发现美，培养他们对绘画的兴趣。教师还要帮助儿童认识和了解不同的绘画风格和技法，引导他们探索各种绘画材料和工具的使用方法。通过教师的指导和帮助，学前儿童可以在绘画活动中获得更多的收获和成长。

（三）手工制作活动

手工制作活动也是学前儿童美术教育的重要内容之一。手工制作活动可以促进学前儿童创造力和想象力的发展，让他们在动手操作的过程中学习和探索[①]。手工制作能够培养儿童的耐心，提高他们的动手能力和手眼协调能力。同时，手工制作也能够增强学前儿童的自信心，让他们享受到创造的乐趣。

在手工制作活动中，教师可以引导儿童使用各种材料进行创作，如纸张、颜料、黏土、布料等，让他们尽情发挥想象力，制作出形态各异的作品。通过这些活动，学前儿童不仅可以锻炼自己的动手能力，还能够培养团队合作意识，因为在制作过程中他们常常需要互相帮助、分享材料和想法。

总之，手工制作活动是学前儿童美术教育中不可或缺的一部分。通过这些活动，儿童可以在轻松愉快的氛围中学习和成长，感受到创造的乐趣，同时培养综合能力。希望更多的学前教育机构能够重视手工制作活动，为儿童提供更多展示自己才华的机会。

综上所述，学前儿童美术教育的内容丰富多彩，旨在通过美术活动引导儿童接触和认识世界，丰富他们的审美情感和感性经验，激发他们创造美的兴趣。这些活动不仅有助于儿童的全面发展，还能为他们未来的学习和生活奠定良好的基础。

二、学前儿童美术教育内容选择的依据

学前儿童美术教育是培养儿童对艺术的兴趣和审美能力的重要途径。在学前儿童美术教育中，不仅要传授给儿童绘画、造型等技能，更重要的是要引导他们发现美、感受美、创造美。通过学习各种美术形式和内容，儿童能够提升自己的想象力、观察力和表现力，培养对美的热爱和追求。在学前儿童美术教育中，内容的设置应该符合儿童的认知能力和兴趣特点，注重启发式教学，让儿童在愉快的氛围中自由发挥，激发他们的创造力和想象力。通过丰富多彩的美术教育内容，儿童可以在不知不觉中学习到知识，提升自己的艺术修养和综合素质。

---

① 余玲．美术教育在学前教育中的作用——浅谈绘画活动与手工制作对幼儿能力培养和发展的重要性［J］．科教导刊（电子版），2014（16）：91．

《幼儿园教育指导纲要（试行）》指出，教育活动的内容应体现以下原则：①既适合幼儿的现有水平，又有一定的挑战性；②既符合幼儿的现实需要，又有利于其长远发展；③既贴近幼儿的生活来选择幼儿感兴趣的事物和问题，又有助于拓宽幼儿的经验和视野。就学前儿童美术教育而言，教育内容的选择在遵循儿童心理逻辑和生活逻辑的同时，也要考虑美术学科的独特性。

（一）贴近儿童的生活经验

阿恩海姆（Arnheim）认为，在发育的初级阶段，心灵的主要特征就是对感性经验的全部依赖，对于那些幼小的心灵来说，事物就是他们看到的、听到的、接触到的或闻到的那个样子。他认为，儿童的思维问题的解决和概括，绝大部分都是在知觉水平上进行的，只有那些被儿童直接感知过的美术教育内容，才能被同化到他们的审美心理结构中去。因此，教育内容的选择至关重要，应该贴近儿童的生活经验。儿童的认知能力和审美观念都是在日常生活中逐渐形成的，只有与他们熟悉的事物结合，才能更好地激发他们的兴趣和潜能。比如，在进行色彩教学时，可以引入儿童喜欢的动画片或卡通形象，让他们通过观察和模仿来认识各种颜色；在形状和线条的教学中，可以利用儿童常见的玩具或生活用品作为教学素材，让他们从中找到不同的几何形状或线条特征。

此外，在绘画主题的选择上，也应当充分考虑到儿童的兴趣和情感需求。可以结合他们的生活经历、想象力和好奇心，开展各种有趣的绘画活动，如描绘家庭场景、动物世界、奇幻故事等，让儿童在创作中得到快乐和满足。

（二）注重作品的审美性

在学前儿童美术教育中，教师应该充分认识到审美教育的重要性。审美教育不仅是让儿童学习如何画画，更重要的是引导他们去欣赏美、创造美。通过审美教育，儿童可以培养自己的审美情感，提高审美表现能力，同时也可以根据自己的审美标准和美的规律来感知世界。在儿童美术教育活动中，教师应该选择符合儿童认识美的规律的内容，让他们能够真正地感受到美的存在，丰富自己的审美情感。通过培养儿童的审美能力，可以帮助他们建立起积极向上的人生观和价值观，进而促进他们的全面发展。

在春天来临之际，教师可以带领儿童走进校园或者公园，在徐徐春风中感受大自然的温暖和生机。儿童可以观察到树叶慢慢变绿、鲜花盛开的景象，听到小鸟欢快的歌声，感受到春天的气息。教师可以引导儿童用手摸摸新生的嫩芽，闻闻花朵散发出的清香，让他们通过多种感官全方位地感受春天的美丽。在课堂上，还可开展以“美丽的春天来了”为主题的活动，让儿童绘画自己心目中的春天，让他们通过创作活动表达对春天的喜爱之情。通过这些活动，儿童不仅可以加深对春天美好的印象，还可以培养他们的艺术创造力和表达能力，激发他们对大自然的热爱，增强与自然和谐相处的意识。

（三）内容安排应注意纵向顺序和横向联系

纵向顺序是指同一种类美术活动的内容之间的互相排列。例如，对于美术欣赏活动内容的安排：小班安排欣赏大班哥哥姐姐的画、秋天的水果、秋天的树叶、布娃娃、小花伞等儿童生活中熟悉的、可直接接触到的美好事物；中班安排欣赏布老虎、民居建筑、节日的环境；大班安排欣赏凡·高、徐悲鸿的作品等。这些美术教育内容在帮助儿童建构审美心理结构方面是有序的、连续的、层层推进的，同时也是由易到难、由简单到复杂逐步深化的。

横向联系是指不同种类美术活动之间的相互联系。例如，在绘画活动中安排画糖葫芦，在手工活动中安排做糖葫芦；欣赏过美丽的窗花后，安排手工“剪窗花”，再对剪好的窗花进行环境布置。这种横向联系内容的安排，能帮助儿童从各种角度认识、感知事物，学习多种表现技能，体会同一事物的不同质感美。如画的糖葫芦是平面的，而手工做的糖葫芦是立体的，作品的表现状态和活动的过程带给儿童的审美感受是不一样的。

总的来说，学前儿童美术教育内容的选择既要注意从简单到复杂、从易到难的顺序，以帮助儿童逐步建立起对美术的基础认识，也要注意让不同主题之间能够相互联系和呼应，以帮助儿童建立起更全面和综合的美术知识体系。只有这样，才能更好地帮助儿童培养对美术的兴趣，促进其全面发展。

（四）注意与其他领域活动内容的整合

学前儿童美术教育不仅是简单地让儿童拿起画笔涂鸦，更重要的是要与其他领域的活动内容进行整合。将美术教育与音乐、手工、运动等多种内容相结合，可以帮助儿童全方位开发自己的能力。

例如，在进行美术教育时，可以结合音乐欣赏，让儿童在绘画的同时听音乐，感受节奏，从而提高他们的审美能力和表现力。同时，也可以将美术与手工活动结合起来，让儿童在创作美术作品的过程中动手实践，培养他们的动手能力和逻辑思维。此外，运动和美术的结合也是很好的方式。可以让儿童在户外画画，感受大自然的美好，也可以通过舞蹈表现自己的作品，提高身体素质和表现力。

总的来说，学前儿童美术教育需要与其他领域活动内容进行整合，这样才能更好地促进儿童的全面发展，培养他们的多元智能和创造力。只有将不同领域的活动结合在一起，才能让儿童在美术教育中得到更多的乐趣和收获。

第二节　学前儿童美术教育的特点

学前儿童美术教育不仅要传授技能，更要对儿童心灵进行滋养。学前儿童美术教育注重儿童的主体性，强调儿童的主动参与和体验，通过丰富多彩的美术活动激发儿童的兴趣和创造力，培养他们的审美能力和艺术素养。

学前儿童美术教育作为儿童教育的重要组成部分，具有其独特的教育特点。在儿童的早期发展阶段，美术教育不仅有助于培养儿童的审美能力和创造力，更是促进儿童情感表达、认知发展和社交互动的重要途径。本节将重点探讨学前儿童美术教育的特点，以期更好地理解和指导儿童的美术学习。

一、游戏性与趣味性相结合

学前儿童美术教育最显著的特点之一，无疑是其所展现出的游戏性与趣味性[①]。对于正处于人生起步阶段、好奇心旺盛的学前儿童来说，美术活动并非单纯的学习任务，而是一种充满乐趣的游戏。他们沉醉于色彩、形状和线条的世界中，探索着这个神秘而多彩的艺术天地。

学前儿童美术教育的游戏性体现在多个方面。首先，美术活动本身就是一种充满创意的游戏。儿童可以运用各种美术材料和工具进行涂鸦、绘画、剪纸等创作活动。这些活动不仅能够让儿童在游戏中自由发挥，还能激发他们的想象力和创造力。他们可以用彩笔在纸上涂鸦，用颜料在画布上挥洒，用剪刀剪出各种形状，每一个动作都充满了童真和乐趣。其次，学前儿童美术教育注重将游戏元素融入教学中。教师可以通过设计各种有趣的美术游戏，让儿童在轻松愉快的氛围中学习和创作。比如，教师可以组织“颜色接力”游戏，让儿童按照颜色顺序传递画笔或颜料，通过游戏的方式让儿童熟悉和记忆各种颜色。又如，教师可以设置“形状拼图”游戏，让儿童根据给定的形状进行拼图创作，通过游戏的方式让儿童认识和理解各种形状。

除了游戏性，学前儿童美术教育的趣味性也是其独特魅力之一。美术活动本身就能够吸引儿童的注意力，让他们沉浸其中，享受创作的乐趣。儿童在美术活动中可以用画笔描绘出心中的想象，用纸张剪出自己

① 张曦敏．学前儿童美术教育［M］．南京：南京大学出版社，2013.

喜欢的图案，用颜料涂抹出美丽的色彩。这些过程都充满了乐趣，让儿童在快乐中学习和成长。为了进一步增强学前儿童美术教育的趣味性，教师还可以融入其他元素，如故事、音乐、舞蹈等。通过讲述有趣的故事，教师可以激发儿童的创作灵感，引导他们根据故事情节进行绘画或手工制作。通过播放欢快的音乐，教师可以为儿童创造一个轻松愉快的创作环境，让他们在音乐中感受艺术的魅力。通过舞蹈动作的模仿和表演，教师可以引导儿童将舞蹈元素融入美术作品中，使作品更具表现力和感染力。

学前儿童美术教育的游戏性与趣味性相结合，不仅符合儿童的身心发展规律，还能够激发他们的兴趣和积极性。儿童在游戏中学习，能够更加主动地参与到美术活动中来，从而更好地掌握美术知识和技能。同时，这种教育方式也有助于培养儿童的自信心和表达能力，让他们在创作中展示自己的个性和才华。

二、直观性与形象性互融

直观性与形象性这两个特点紧密相关，共同构成了学前儿童美术教育的重要基石。在深入探讨这一话题之前，首先要理解学前儿童的认知特点和思维方式。由于他们的认知能力和思维水平尚处于初级阶段，学前儿童通常通过直观感知和形象记忆来学习和理解新知识。因此，在美术教育中，教师需要特别关注并利用这两个特点，以确保教育活动的有效性和趣味性。

（一）直观性

学前儿童的认知很大程度上依赖于直观感知。他们喜欢观察、触摸和体验周围的世界，通过直观的感官刺激来获取知识。在美术教育中，教师可以充分利用这一特点，通过展示实物、图片、视频等直观材料，让儿童直观地感受美术作品的魅力。例如，教师可以带领儿童参观美术馆或艺术展览，让他们近距离欣赏绘画、雕塑等艺术作品，或者在课堂上展示一些色彩鲜艳、形状各异的美术作品图片，引导儿童观察并描述作品的色彩、线条和构图等要素。这些直观的视觉刺激能够激发儿童的兴趣和好奇心，帮助他们更好地理解和感知美术作品。

除了视觉刺激外，教师还可以利用触觉来增强儿童的直观感知。比如，在绘画活动中，教师可以让儿童触摸不同质地的画笔和纸张，感受它们在手中的触感和重量；在手工制作活动中，教师可以让儿童亲手操作各种材料和工具，体验创作的乐趣和成就感。这些亲身体验不仅能够帮助儿童更加深入地了解美术材料和工具的特性，还能够培养他们的实际操作能力和动手能力。

（二）形象性

学前儿童的思维方式以形象思维为主，他们善于通过形象记忆来存储和回忆信息。在美术教育中，教师可以利用儿童的这一特点，通过形象化的教学方式来帮助他们理解和掌握美术知识和技能。具体可以从以下几个方面入手。

第一，教师可以通过故事、寓言等富有形象性的内容来引导儿童进入美术的世界。比如，教师可以讲述一个关于小画家创作美丽画作的故事，让儿童在故事中感受创作的乐趣和成就感，或者利用寓言故事中的形象元素，引导儿童理解并表现故事中的情节和角色。这些富有形象性的故事能够激发儿童的想象力和创造力，帮助他们更好地理解和表达美术作品。

第二，教师可以利用示范和模仿等形象化的教学方式来教授绘画技巧和创作方法。教师可以通过现场示范或视频演示的方式，展示绘画的基本步骤和技巧，让儿童在观察中学习和模仿。同时，教师还可以鼓励儿童相互学习、交流作品，让他们在互动中共同进步。这种形象化的教学方式能够帮助儿童直观地理解和掌握绘画技巧，提高他们的绘画水平和创作能力。

第三，教师可以利用现代科技手段来增强美术教育的形象性。比如，利用多媒体教学设备展示动画、视频等动态图像，让儿童在动态中感受美术作品的韵律和节奏，或者利用虚拟现实技术为儿童创造一个沉浸式的艺术体验环境，让他们在虚拟世界中自由探索和创作。这些现代科技手段不仅能够增强美术教育的趣味性和吸引力，还能够为儿童提供更加全面、深入的美术学习体验。

综上所述，学前儿童美术教育的直观性与形象性特点对于教学活动的设计和实施具有重要意义。教师应充分了解和利用这两个特点，通过直观感知和形象记忆的方式帮助儿童理解和掌握美术知识和技能。同时，教师还应注重培养儿童的想象力和创造力，让他们在美术活动中自由发挥、大胆创新。这样的教育方式不仅能够激发儿童对美术的兴趣和热爱，还能够为他们的全面发展奠定坚实的基础。

在实际教学过程中，教师还可以根据儿童的年龄和兴趣特点，灵活调整教学策略和方法。例如，对于年龄较小、注意力容易分散的儿童，教师可以采用游戏化的教学方式，将美术活动融入游戏中，让他们在轻松愉快的氛围中学习和创作；对于年龄较大、有一定绘画基础的儿童，教师可以引导他们进行更加深入和系统的学习，通过挑战性和探索性的任务来激发他们的学习热情和创造力。此外，教师还应注重与家长的合作与沟通，共同为儿童营造一个良好的美术学习环境。家长可以在家中为儿童提供丰富的美术材料和工具，鼓励他们进行自由创作；同时，家长还可以与教师分享儿童在家中的创作成果和进步，以便教师更好地了解儿童的学习情况和需求，从而为他们提供更加精准和有效的指导。

总之，学前儿童美术教育的直观性与形象性特点为教学活动的设计和实施提供了重要的指导方向。通过充分利用这两个特点，教师可以为儿童创造一个充满趣味性和探索性的美术学习环境，让他们在美术的世界中自由翱翔、快乐成长。

三、创造性与探索性共存

学前儿童美术教育强调儿童的创造性和探索性。学前儿童美术教育不仅是一种技能的学习，更是一种情感的表达、创造力的培养和对世界认知的深化。在学前儿童的成长过程中，美术活动成为他们展现自我、探索未知世界的重要途径[①]。而在这个过程中，儿童的创造性和探索性被特别强调，因为这是他们个性发展和艺术素养提升的关键。儿童天生就是充满想象力的创造者。他们的思维不受约束，总是能够产生出令人惊叹的新奇想法。在美术活动中，儿童可以通过画笔、纸张、颜料等材料，将自己的想象和感受转化为具体的艺术作品。这些作品可能并不完美，但充满了童真和创意，是儿童内心世界的真实写照。

学前儿童美术教育的核心，就是要充分尊重和激发儿童的这种创造性。教师在教育过程中，应当避免过多的干预和限制，给予儿童充分的自由，让他们能够根据自己的想法和感受进行创作。同时，教师还应鼓励儿童大胆尝试、勇于创新、不怕失败。这种教育方式不仅能够帮助儿童培养自信心和独立性，还能够激发他们的学习兴趣和热情。

为了培养儿童的创造性和探索性，教师需要为儿童提供一个丰富多彩的美术创作环境。首先，丰富的美术材料和工具是必不可少的。这些材料和工具不仅能够满足儿童的创作需求，还能够激发他们的探索欲望。例如，不同颜色、不同质地的纸张，各种形状和功能的画笔以及丰富多彩的颜料等，都可以为儿童提供广阔的创作空间。其次，设置开放性的美术任务是培养儿童探索性的有效途径。这些任务应该具有一定的挑战性和探索性，让儿童在完成任务的过程中进行思考和尝试。例如，教师可以让儿童用给定的材料创作一个特定的场景或故事，或者让他们根据自己的想象创作一幅画。这些任务不仅能够激发儿童的创作灵感，还能够培养他们的独立思考和解决问题的能力。最后，引导儿童欣赏各种类型的美术作品也是培养他们创造性和探索性的重要手段。通过欣赏不同风格、不同题材的美术作品，儿童可以了解到更多的艺术形式和创作方法，从而拓宽艺术视野、丰富审美经验。同时，欣赏美术作品还能

① 高红星．从学前儿童美术创作看当前的儿童美术教育［D］．济南：山东师范大学，2022．

够激发儿童的创作欲望和灵感，让他们更加热爱美术创作。

当然，教师在培养儿童创造性和探索性的过程中，还应注意以下几点。

一是要给予儿童足够的支持和鼓励。儿童在创作过程中可能会遇到各种困难和挫折，这时教师的支持和鼓励就显得尤为重要。教师可以通过表扬、鼓励等方式，让儿童感受到自己的进步和成就，从而增强他们的自信心和创作动力。

二是要关注儿童的个体差异。每个儿童都有自己的独特性和个性特点，教师在教育过程中应充分考虑到这一点。对于不同的儿童，教师可以采用不同的教育策略和方法，以满足他们的不同需求和兴趣。

三是要与儿童建立良好的师生关系。良好的师生关系是教育成功的关键因素之一。教师应尊重儿童的意愿和想法，与他们建立良好的沟通和互动机制，让他们能够在轻松愉快的氛围中学习和创作。

总之，学前儿童美术教育中的创造性和探索性培养是一个长期而复杂的过程。它需要教师的耐心和细心指导，也需要儿童的积极参与和不断探索。只有这样，才能够真正培养出具有创新精神和探索能力的优秀儿童，为他们的未来发展奠定坚实的基础。

同时，我们还应认识到，学前儿童美术教育的目标并不仅是培养艺术家，更重要的是通过美术活动促进儿童的全面发展。在这个过程中，儿童不仅可以学习到美术知识和技能，还可以培养观察力、思维力、动手能力和表达能力等多方面的能力。因此，我们应将学前儿童美术教育纳入更广泛的教育体系中，使其成为儿童全面发展的重要组成部分。

四、情感性与表达性相交

学前儿童美术教育作为儿童早期发展的重要组成部分，不仅涵盖了对色彩、形状和构图等美术元素的认知学习，更深入地触及了情感性和表达性的发展。在这个关键的时期，通过各种绘画和手工活动，儿童能够探索和表达自己的内心世界，这对于他们的情感成熟和心理健康至关重要。

情感性在学前儿童美术教育中占据着核心位置。在绘画、手工制作等美术活动中，儿童可以自由选择材料、颜色和形式，将自己的情感和想法融入作品中，从而展现出独特的个性和创造力。这种个性化的表达方式有助于儿童建立自我认同和自我价值感，促进他们的个性发展。同时，美术活动也是一种有效的沟通方式，有助于儿童与他人建立良好的人际关系。在美术活动中，儿童可以通过作品与他人分享自己的情感和想法，增进彼此之间的了解和信任。这种沟通方式有助于培养儿童的同理心和合作精神，让他们更加善于理解和尊重他人。例如，当儿童画出一幅描绘家庭成员的画，或是用彩纸拼贴出一个美丽的花园时，他们实际上是在处理和理解自己对于家庭和自然的感受。

教师在儿童美术教育中扮演着至关重要的角色。他们不仅要传授艺术技能，更要关注儿童的情感需求，创造一个安全、自由、宽松的创作环境，让儿童感到自己的想法被尊重、自己的作品被欣赏。在这样的环境中，儿童更愿意分享自己的感受，也更容易展现出个性和创造力。

为了培养儿童的情感表达能力和创作自信心，教师可以采取多种策略。首先，教师可以鼓励儿童通过绘画或手工记录日常生活。比如，画出一次难忘的家庭旅行，或者用黏土塑造出自己的宠物。这样的活动不仅能够帮助儿童练习美术技能，更重要的是能够让儿童学会如何用艺术语言来描述和反思自己的生活经历。其次，教师可以组织集体创作活动，让儿童在团队合作中相互学习和启发。例如，可以让所有儿童一起画一幅大型壁画，表现季节的变化或者节日的喜悦。在这个过程中，每个儿童都可以贡献自己的想法和技能，同时也能够学习到如何在小组内沟通和协作。这不仅有助于培养儿童的社交能力，也能够增强他们的团队精神和集体归属感。再次，教师还可以利用故事讲述和角色扮演的方式激发儿童的创作灵感。通过讲述一个引人入胜的故事，教师可以引导儿童进入一个充满想象的世界，然后让儿童用画笔或手工材料来再现故事场景。这种方法不仅能够提高儿童的听力理解和语言表达能力，还能够让他们在创作中体验到故事的情感内涵。最后，在教学过程中，教师还应该注意观察和倾听儿童的心声。每个儿童都有自己独特的感受和想法，教师应该尊重并鼓励这些个性化的表达。通过及时的肯定和积极的反馈，教师可以帮助儿童建立自信，鼓励他们在艺术的道路上不断探索和前进。

值得注意的是，教师在培养儿童情感表达和创作自信心的过程中，应避免过于强调作品的完美性和技巧性。学前儿童的美术作品往往充满了童真和创意，这正是他们内心世界的真实反映。因此，教师应更多地关注儿童创作的过程和体验，鼓励他们大胆尝试、勇于创新，让他们在美术活动中感受到乐趣和成就感。同时，家长在学前儿童美术教育中也扮演着重要的角色，教师应该与家长紧密合作，共同支持儿童的艺术教育。家长可以在家中为孩子提供丰富的艺术材料和创作空间，让他们在家中也能自由地绘画和创作。同时，家长可以参与儿童的艺术活动，与儿童一起创作或欣赏艺术作品，这不仅能够增进亲子关系，也能够让家长更好地理解儿童的内心世界。

综上所述，学前儿童美术教育的情感性与表达性特点对于儿童的情感发展、心理健康、个性培养以及创造力提升都具有重要意义。我们应充分认识和利用这些特点，为儿童创造一个更加美好的美术学习和创作环境。

五、互动性与合作性交融

对于儿童而言，美术活动不仅是一个独自创作的过程，更是一个与他人交流、合作、共同成长的平台。在美术的世界里，儿童与教师、同伴之间的互动和合作，不仅能够丰富他们的创作经验和技能，更能够促进他们的社交技能和团队协作能力的发展。

在学前儿童美术教育中，互动与合作是紧密相连的。互动是合作的基础，而合作又是互动的升华。通过互动，儿童可以与他人分享自己的创作想法和感受，了解他人的观点和意见，从而拓宽自己的视野和思路。而合作则能够让儿童在共同的创作目标下，学会协调、沟通、分工和分享，体会到团队协作的乐趣和力量。

互动性在美术活动中表现得尤为明显。当儿童在一起画画或做手工时，他们会自然地交流自己的想法，评论彼此的作品，甚至互相借鉴技法。这种交流不仅是语言能力的练习，更是情感认同和社交礼仪的体现。教师可以借此机会引导儿童学习如何欣赏他人的创意，如何在批评时保持礼貌以及如何接受他人的反馈。合作性则通常体现在集体创作项目中。教师可以组织小组合作画一个大型壁画、共同制作一个主题手工项目或者策划一场小型艺术展。在这些活动中，每个儿童都有自己的角色和任务，他们必须学会沟通、协调和分工合作。这不仅锻炼了他们的组织能力和执行力，还让他们体会到团队合作带来的成就感和快乐。

教师在儿童互动与合作中扮演着引导者和促进者的角色。教师可以通过组织各种形式的美术活动，为儿童提供与他人互动和合作的机会。例如，教师可以安排小组讨论活动，让儿童围绕一个特定的创作主题展开讨论，分享各自的想法和创意。这种活动不仅能够激发儿童的思维火花，还能够培养他们的沟通能力和团队协作精神。合作创作活动也是学前儿童美术教育中不可或缺的一环。教师可以让儿童分组进行创作，让他们在共同完成任务的过程中学会分工合作、相互支持。在合作创作的过程中，儿童可以互相交流创作技巧、分享创作经验，从而共同提高创作水平。同时，合作创作还能够培养儿童的集体荣誉感和责任感，让他们更加珍惜团队合作的成果。

除了组织和引导互动与合作活动外，教师还可以在美术活动中融入跨领域的知识和技能。例如，结合数学知识，让儿童计算和测量作品的尺寸；结合科学知识，让儿童探索不同材料的特性。这种跨领域的学习方法不仅能够增强儿童的认知能力，还能够让他们在互动与合作中体验到知识的实用性和趣味性。在整个教学过程中，教师还应该注重培养儿童的批判性思维和问题解决能力。当儿童面临创作难题时，教师可以鼓励他们一起思考可能的解决方案，而不是直接给出答案。这种方法有助于儿童形成独立思考的习惯，同时也能够在解决问题的过程中增强合作精神。

在学前儿童美术教育的互动与合作中，还应关注每个儿童的个体差异和需求。每个儿童都有自己独特的性格、兴趣和能力，他们在互动与合作中的表现也会有所不同。因此，教师应根据儿童的个体差异，为他们提供不同的互动与合作的机会和方式。例如，对于性格内向的儿童，教师可以安排一些小组活动，让他们在与同伴的互动中逐渐打开心扉；对于能力较强的儿童，教师可以让他们担任团队中的领导角色，发挥他们的优势并带动其他儿童的发展。同时，我们还应认识到，互动与合作不仅是儿童之间的事情，教师与儿童之间的互动与合作同样重要。教师应以平等、尊重的态度与儿童进行互动，倾听他们的想法和意见，给予他们充分的支持和鼓励。在合作中，教师应成为儿童的伙伴和引导者，与他们共同探索、共同创造。

综上所述，互动性与合作性是学前儿童美术教育的重要特点。通过互动与合作，儿童可以在美术活动中与他人交流、分享、协作，共同创造出丰富多彩的作品。同时，互动与合作还能够促进儿童的社交技能、团队协作能力的发展。因此，我们应充分重视并有效利用这一特点，为儿童创造一个更加美好的美术学习和创作环境。

为了进一步增强学前儿童美术教育的互动性与合作性，教师应考虑以下几个方面：首先，教师应定期反思和评估自己的教学方法和策略，以确保它们能够有效地促进儿童之间的互动与合作；其次，教师要与家长保持密切沟通，了解儿童在家庭环境中的互动与合作情况，以便更好地指导他们在美术活动中的表现；最后，教师可以通过举办亲子美术活动、校际美术交流活动等，为儿童提供更多的互动与合作机会，让他们在更广泛的范围内体会到美术创作的乐趣和价值。

六、生活性与灵活性相互渗透

学前儿童美术教育的一个显著特点是生活性与灵活性的紧密结合。这一特点体现了儿童美术教育与儿童生活实际之间的密切联系以及美术教育过程中对儿童个性和创造力的充分尊重。

首先，生活性是学前儿童美术教育的重要基础。儿童的生活经验、观察能力和感知能力是他们进行美术创作的重要源泉。因此，美术教育应紧密联系儿童的生活实际，从他们熟悉的事物和环境中提取美术元素，引导他们观察、感受并表现生活中的美好。例如，教师可以组织儿童观察自然景色、动植物、家居用品等，让他们通过绘画、手工制作等方式表达对生活的理解和感受。这种以生活为基础的美术教育有助于培养儿童对生活的热爱和关注，同时也能提升他们的观察能力和感知能力。

其次，灵活性是学前儿童美术教育的另一个重要特点。儿童的想象力和创造力是无穷无尽的，他们在美术创作过程中往往能够创作出独特而富有创意的作品。因此，美术教育应具有灵活性，允许儿童在创作过程中自由发挥，不拘泥于固定的模式和标准。教师应尊重儿童的个性和创作意愿，为他们提供多样化的美术材料和工具，让他们能够根据自己的兴趣和想法进行创作。同时，教师还应关注儿童的创作过程，给予他们适时的指导和鼓励，帮助他们解决问题并提升创作技能。

生活性与灵活性的相互渗透使学前儿童美术教育更加生动、有趣且富有成效。通过紧密联系儿童的生活实际和提供灵活多样的美术活动，教师可以激发儿童对美术的兴趣和热情，培养他们的观察、感知、想象和创造能力。同时，这种美术教育方式也有助于促进儿童的全面发展，提升他们的审美素养和艺术修养。

综上所述，学前儿童美术教育的这些特点不仅体现了儿童美术创作的独特性，也反映了儿童心理发展的阶段性特征。在美术教育中，教师应充分认识和利用这些特点，为儿童提供一个充满乐趣、富有创意的美术学习环境，促进他们的全面发展。

第三节　美术教育与学前教育的关系

美术教育与学前教育之间存在着密切而复杂的关系。在儿童的早期成长过程中，美术教育不仅作为艺术教育的重要组成部分，更与学前教育中的认知、情感、社交和身体发展等各个方面紧密相连。美术教育通过独特的方式，为儿童提供了一个展示自我、探索世界、发展创造力的平台，与学前教育共同促进儿童的全面发展。

一、美术教育在学前教育中的定位

在学前教育阶段，美术教育作为艺术教育的重要分支，承担着培养儿童审美情感、创造力和艺术表现能力的任务。它与语言教育、数学教育、科学教育等共同构成了学前教育的多元课程体系。美术教育的特殊性在于它能够通过直观、形象的艺术形式，激发儿童的兴趣和好奇心，引导他们主动探索、发现和表达。美术教育作为学前教育的重要组成部分，其定位不仅在于培养儿童的艺术技能和审美能力，更在于通过艺术的形式和手段，促进儿童的全面发展。在学前教育阶段，儿童的身心发展处于关键时期，美术教育以其独特的方式，为儿童提供了一个展示自我、探索世界、发展创造力的平台。下面，我们将对美术教育在学前教育中的定位进行探讨。

（一）艺术素养的启蒙者

在学前教育阶段，儿童的身心发展迅速，各种潜能亟待发掘。在这一时期，美术教育扮演着举足轻重的角色，其定位不仅是技能的培养者，更是艺术素养的启蒙者。正如著名教育家约翰·杜威（John Dewey）所强调的，“艺术即经验”，美术教育通过提供丰富的视觉和触觉经验，帮助儿童建立起与世界的联系，并在此过程中培养其审美感和认知力。

美术教育的核心在于引导儿童对美的感知、欣赏和创造。在学前教育阶段，儿童的审美能力处于萌芽状态，美术教育正是通过各种形式的艺术活动，让儿童在观察、感受和创作中逐渐建立起对美的独特认识。在美术课堂上，儿童通过绘画、手工制作等实践活动，可以直观地感受到线条、色彩、形状等美术元素的魅力。他们用自己的小手描绘出五彩斑斓的世界，用心灵去触摸艺术的“脉搏”。这些过程不仅锻炼了儿童的动手能力，更在无形中培养了他们的艺术感知力和表现力。通过各种美术活动，儿童可以逐渐建立起对美的认识和理解，形成自己的审美标准和审美情感。正如著名教育心理学家霍华德·加德纳（Howard Gardner）在其多元智能理论中所提出的，艺术智能是人类智能的重要组成部分，而美术教育正是培养这种智能的有效途径。此外，美术教育在提升儿童整体文化素养和审美品位方面也具有不可替代的作用。通过欣赏优秀的艺术作品，儿童可以领略到不同文化背景下的艺术风格和审美理念，从而拓宽自己的视野，提升自己的审美品位。

（二）创造力和想象力的培养者

美术教育在学前教育中占据了举足轻重的地位，它不仅是儿童早期学习体验的一部分，更是培养创造力和想象力的重要渠道。爱因斯坦（Einstein）曾说过："想象力比知识更重要。"这强调了想象力在学习和思维发展中的核心作用。而美术教育恰恰提供了这样一个环境，让儿童在自由探索与表达的过程中激发内在的创造潜能，为儿童的未来发展奠定坚实的基础。

创造力和想象力是儿童智力发展的重要组成部分，它们如同儿童的翅膀，让他们在知识的天空中自由翱翔。创造力和想象力不仅有助于儿童在学习上取得优异的表现，更能让他们在生活和未来的职业生涯中展现出独特的魅力和优势。因此，如何有效地培养和激发儿童的创造力与想象力，成为学前教育领域的重要研究课题。

美术教育作为学前教育的重要组成部分，以其直观、生动、有趣的特点，深受儿童的喜爱。在美术教育中，儿童可以接触到各种绘画材料，如彩色的画纸、各种绘画工具、泥土、布料等，这些材料是他们创作过程中的重要元素。丰富的材料刺激了儿童的感官体验，鼓励他们通过触觉、视觉和动作来探索世界，从而促进认知发展。更重要的是，美术教育为儿童提供了一个自由发挥、尽情想象的空间。在这个空间里，儿童可以根据自己的喜好和想象，创作出各种独特的作品。

此外，美术教育还能激发儿童的创新意识。在创作过程中，儿童需要不断地尝试新的材料、技法和表现方式，这种尝试和探索的过程本身就是一种创新。通过不断的创新实践，儿童逐渐形成了自己独特的艺术风格和创作思路，为未来的学习和生活奠定了坚实的基础。

我们还需要认识到，美术教育并非一蹴而就的短期行为，而是一个长期、持续的过程。在这个过程中，需要耐心地引导和陪伴儿童，让他们在不断的实践中逐渐掌握绘画技能和创作方法。同时，需要关注儿童的情感需求和心理变化，让他们在创作过程中感受到快乐和成就感，从而更加热爱美术、享受美术。

（三）情感表达的桥梁

处于学前阶段的儿童，如同初绽的花朵，正处于情感发展的关键时期。他们纯真无邪、情感丰富，但往往缺乏有效的表达方式。此时，美术教育便如同一个温馨的港湾，为儿童提供了一个安全、自由的环境，让他们能够尽情地表达内心的情感和需求。

著名教育家苏霍姆林斯基（Sukhomlynsky）曾言："儿童的智慧在他的手指尖上。"这句话深刻揭示了美术教育与儿童情感表达之间的紧密联系。在美术活动中，儿童可以通过绘画、手工制作等方式，将自己的喜怒哀乐、爱恨情仇转化为具体的作品。他们用画笔描绘出心中的梦想，用彩纸拼贴出内心的喜悦，用陶泥塑造出情感的寄托。这些作品不仅是儿童情感的载体，更是他们与世界沟通的桥梁。美术活动为儿童提供了一个自我表达的空间。在这个空间里，儿童可以不受拘束地释放内心的情感，展现自己的个性和创造力。他们可以将自己的想象、梦想、愿望和感受，通过绘画、手工制作等形式表达出来。这种自我表达的过程，不仅有助于儿童情感的宣泄和调节，还能促进他们自我认知和自我价值的提升。

（四）儿童认知发展的促进者

学前儿童的认知发展，如同种子的萌发与生长，需要阳光、雨露和土壤的滋养。而美术教育，以其特有的艺术形式和教育方法，为儿童的认知发展提供了丰富的养分。

第一，美术教育为儿童提供了一个直观、形象的认知途径。学前儿童的思维以具象思维为主，他们更倾向于通过观察和感知来认识世界。而美术作品中的色彩、形状、线条等视觉元素，正好符合儿童的感知特点，能够激发他们的好奇心和探索欲。在美术活动中，儿童通过观察、模仿和创作，逐渐建立起对周围事物的认知和理解。这种以直观形象为主的认知方式，不仅有助于儿童形成对事物的深刻印象，还能促进他们想象力和创造力的发展。

第二，美术教育通过引导儿童进行美术创作，促进他们逻辑思维和创造性思维的发展。在美术创作中，儿童需要思考如何构图、如何运用色彩和线条来表达自己的意图。这些思考过程需要儿童进行逻辑推理和判断，从而培养了他们的逻辑思维能力。同时，美术创作也是一个充满创意和想象的过程。儿童可以在创作中尽情发挥自己的想象力和创造力，创作出独一无二的作品。这种创作过程不仅锻炼了儿童的创造性思维，还为他们提供了展示自己个性和才华的舞台。

第三，美术教育还能与其他学科形成有效的互补和融合，共同促进儿童的认知发展。例如，在语言教学中，教师可以通过美术活动引导儿童描述和表达他们所看到和想到的事物，从而提升他们的语言表达能力；在数学教学中，美术元素可以用来解释和演示抽象的概念和原理，使数学变得更加生动和有趣。这种跨学科的融合不仅有助于提升儿童的学习兴趣和学习效果，还能促进他们全面、均衡地发展。

第四，美术教育在学前教育中的定位还体现在对儿童认知结构的优化和认知能力的提升上。美术活动往往需要儿童综合运用各种感官和认知能力来感知、分析和表达，这有助于培养他们的综合认知能力。同时，美术创作也需要儿童具备一定的空间感知能力、手眼协调能力等，这些能力的锻炼和提升都有助于儿童认知结构的优化和发展。

第五，美术教育在学前教育中也具有促进社会和谐发展的作用。

艺术具有沟通情感和传递信息的功能，通过美术作品的欣赏和创作，人们可以跨越语言和文化的障碍，实现心灵的交流和沟通。在学前教育阶段，通过美术教育培养儿童的审美情感和创造力，有助于他们建立积极的人生观和价值观，提升他们的社会责任感和公民意识。这对于构建和谐社会、推动社会文明进步具有重要意义。

因此，我们在定位美术教育在学前教育中的角色时，应充分考虑到其文化价值和社会意义，不仅要关注美术教育的技能和知识传授，更要关注其对儿童全面发展和社会文明进步的促进作用。通过加强美术教育的理论研究和实践探索，我们可以更好地发挥其在学前教育中的独特作用，为培养具有艺术素养、审美情感和创造力的新一代儿童贡献力量。

二、美术教育与学前教育相互促进

在儿童的成长过程中，美术教育与学前教育扮演着不可或缺的角色。它们不仅各自具有独特的教育价值，而且相互之间存在促进关系。美术教育与学前教育的结合，如同绘画中的水彩与画纸，相互渗透、彼此促进，共同孕育出丰富多彩的教育图景。

（一）学前教育为美术教育提供了广阔的实施空间和丰富的教育资源

学前教育注重儿童的全面发展，强调以儿童为中心的教育理念和方法。这种教育理念和方法为美术教育的实施提供了有力的支撑和保障。在学前教育中，教师可以通过组织各种美术活动、提供丰富的美术材料和工具等方式，为儿童创造一个充满艺术气息的学习环境。同时，学前教育也注重家庭、社区等资源的整合和利用，为儿童提供更多的美术学习和展示机会。在学前教育中，美术教育可以与其他领域的教育相结合，如语言、数学、科学等，形成跨学科的教育模式。这种教育模式有助于儿童在多个领域获得全面发展，提高他们的综合素质。此外，学前教育还为美术教育提供了丰富的教学资源和活动形式。学前教育机构通常拥有宽敞的活动空间、多样的教学材料和专业的教师团队，这为美术教育的实施提供了有力的保障。同时，学前教育机构还会组织各种形式的美术活动，如绘画比赛、手工制作展览等，为儿童提供展示自己才华的机会，激发他们的学习兴趣和自信心。

（二）美术教育对学前教育的重要性

伴随着我国经济的不断发展、现代科学技术的广泛运用，对创新人才的培养也日益受到社会各方面、各行业的重视。幼年时期是人身心迅速发展的重要时期，也是培养人创造性思维和想象力的最好时期。因此，教育者应该在社会发展的大背景下，注重儿童的审美能力、实践能力以及思维创造能力的培养。针对学前儿童的年龄特点，可将美术教育与其他学前教育活动结合起来。美术教育作为一种能发展儿童智能、培养创造性思维和审美能力的艺术教育活动，应该引起教育者的高度重视。

学前教育的意义在于为儿童将来更为广泛、更为深层次的教育打下坚实基础，这就不仅要培养儿童的一般学术学习能力，还要培养儿童自身的创造力以及思维能力。儿童在美术教育活动中，可以根据自己对世界的认识，运用想象，进行美术创造。画画、折纸、泥塑手工等艺术活动的过程就是用想象进行创造的过程，这可以有效预防儿童在不断学习、积累经验的过程中被某些因素束缚思想，这是当代素质教育中至关重要的一环，也是儿童成长过程中不可缺少的一部分。

所以，从总体上讲，在学前教育中渗入美术教育，是适应社会发展和儿童个人综合素质培养的需要，是社会发展对学前教育的要求。

第二章 学前儿童美术教育的理论阐述

学前儿童美术教育作为学前教育的重要组成部分，其理论基础深厚且广泛。这些理论不仅为教育实践提供了指导，也为教育工作者提供了理解和评估儿童美术发展的框架。在实际工作中，教育工作者应深入理解这些理论，根据儿童的实际情况和发展需求，制订合适的美术教育方案，为儿童的全面发展创造良好的条件。同时，还应不断学习和探索新的教育理论和方法，以适应时代发展的需要，推动学前儿童美术教育的不断发展和创新。

第一节 学前儿童美术教育理论

一、罗恩菲尔德的美术教育思想

罗恩菲尔德（Lowenfeld）是20世纪最具影响力的美术教育家之一，他的美术教育思想对学前儿童美术教育领域产生了深远的影响。罗恩菲尔德坚信美术教育不仅是技能的传授，更是儿童情感、智力和创造力发展的重要途径。他的理论结合了心理学、教育学和艺术学的观点，强调儿童在美术创作中的自主性和创造性，为学前儿童美术教育提供了坚实的理论基础[①]。

（一）罗恩菲尔德对儿童美术发展阶段的划分

罗恩菲尔德的儿童美术发展阶段理论是儿童美术教育领域的重要理论之一。他通过观察和研究儿童的绘画作品和创作过程，将儿童绘画发展分为六个阶段，每个阶段都有其独特的特点和表现方式[②]。

1. 涂鸦期（2～4岁）

这是儿童绘画的初级阶段。在这个阶段，儿童常常会拿起笔随意在纸上涂鸦。他们可能会画出一些看似杂乱无章的线条和图案，但这实际上是他们开始探索绘画的起点。涂鸦期通常出现在2～4岁，这时候的儿童还没有逻辑思维和手指控制能力，所以他们的涂鸦更多由肌肉记忆驱使。不过，随着时间的推移，儿童会慢慢掌握对线条和形状的控制，他们可能会开始给涂鸦命名，或者向父母和教师解释自己的作品。

在涂鸦期，儿童的绘画作品往往能够反映出他们的直观思维和内心感受。虽然有些作品可能看起来毫无意义，但对儿童来说，这是一种自我表达的方式。父母和教师可以通过欣赏、鼓励、与儿童互动，帮助他们发展绘画技能，同时也能够更好地了解儿童的内心世界。涂鸦期是儿童艺术探索的开始，也是他们个性和想象力的展现时期。

2. 前图示期（4～7岁）

这个阶段的儿童，通常会对生活中的各种事物产生浓厚兴趣。他们可能会画出家里的宠物、喜欢的动漫角色或是自己想象中的神奇世界。这种表现自我的倾向，其实也反映了他们正在建立自我认知和对外界的理解能力。通过绘画，他们能够表达自己的想法和情感，展示内心世界的丰富多彩。此时的儿童在画画时，可能会表现出一些不符合现实的特

① 陶颜．罗恩菲尔德美术教育思想在学前美术教育中的应用价值与意义［J］．中华手工，2022（5）：109-111.

② 沈莹，郭粒．培养个性 鼓励创造——基于罗恩菲尔德美术发展阶段论的思考［J］．美化生活，2022（28）：148-150.

点，比如把太阳画在人物的肚子上，或是把房子画成一个大大的方块，这其实是因为他们的认知水平还比较低。然而，这并不影响他们对绘画的热情和创造力。在这个阶段，家长和教师可以引导他们多观察生活中的细节，激发他们对于绘画的兴趣和热情，帮助他们逐渐提高绘画的技巧和表现能力。

总的来说，前图示期是儿童绘画能力逐渐觉醒的阶段。在此阶段，儿童开始观察并描绘周围的事物，虽然他们的画作可能并不准确或完整，但开始表现出对事物的象征性理解。儿童会用自己的方式描绘人物、动物和物体，表现出强烈的自我中心倾向。

3. 图示期（7～9岁）

这个阶段的儿童在绘画上展现出了更多的想象力和个性。他们开始尝试用颜色来表达自己的情感和情绪，不再仅限于黑、白、灰的世界。在这个年龄段，他们对于周围环境的认知也开始不断地丰富和深化，因此他们的画作也会更加有趣和丰富多彩。

在图示期，儿童的绘画更加具象，他们开始使用几何图形和线条来表现自己生活中常见的场景如家庭、学校、公园等，或者是他们喜欢的动物、玩具等，并且会尝试表现空间和透视的概念。他们或许会画出三角形的房子、圆形的太阳，或者是一条由直线组成的小狗。

总的来说，儿童在这一阶段的绘画表现为用几何线条的图示来表现视觉对象，图画的内容受个人经验和兴趣的影响。儿童所画图画有以下特点：突出自己认为重要的部位，符号和图示的运用经常发生变动，表现出空间感。

4. 写实萌芽期（9～11岁）

在写实萌芽期，儿童的艺术创作更加丰富、细致。他们开始尝试用透视和色彩来描绘物体和环境，使画面更加具有立体感和真实感。通过观察和实践，他们逐渐掌握了如何运用不同的线条和色彩来表现所看到的事物。这个阶段的儿童可能会尝试画一些简单的风景、动物或人物，同时也开始关注细节和光影的表现。写实萌芽期是儿童艺术发展的重要阶段，通过绘画，他们可以更好地表达自己的想法和感受，培养观察和表达能力，为未来的艺术创作打下坚实的基础。

5. 拟写实阶段（11～15岁）

拟写实阶段是儿童艺术创作中一个非常关键的阶段。在这个阶段，儿童开始尝试描绘事物的外貌，力求让画面更加逼真。同时，儿童对于成人或者艺术家的作品产生了浓厚的兴趣，他们会认真观察和品味这些作品，甚至会试着去模仿。通过临摹一些艺术作品，他们可以更好地理解和吸收不同的绘画风格和技巧，从而提升自己的绘画水平。拟写实阶段的儿童对于艺术作品的评价也逐渐变得更加丰富和深入。除了对作品的外观和细节有所感受外，还会开始思考作品的艺术风格和表现形式，尝试去理解艺术家想要表达的情感和意义。

总的来说，拟写实阶段是儿童艺术创作中的一个转折点，他们在这个阶段不仅开始注重画面的逼真性和技巧的运用，同时也逐渐培养起对艺术作品的独特见解和感悟，为以后更深入地进行艺术学习和创作打下了坚实基础。

6. 青少年艺术阶段（15～17岁）

随着年龄的增长，儿童对于艺术的理解和感悟也逐渐加深。他们开始变得更加注重审美品位，对于自己所接触到的艺术作品也会产生更加深刻的感受和理解。然而，在这个阶段，许多学生会逐渐丧失对美术的兴趣，可能是因为学业压力增加或者其他兴趣爱好的涌现。也有一部分青少年更加专注于艺术的创作和发展。这个时期正是他们开始探索自己的个人艺术风格和道路的时候。有些人可能会选择继续深造美术专业，向着艺术家的方向努力发展；而另一些人可能会把艺术作为一种兴趣爱好，持续不断地在绘画、雕塑、摄影等领域进行尝试和探索。

罗恩菲尔德的儿童美术发展阶段理论不仅揭示了儿童绘画发展的内在规律，也为教师和家长提供了理解和指导儿童绘画的框架。每个阶段都是儿童美术发展的自然层面，是他们遗传程式的自然展开。在每个阶段，美术教育都应该贯穿着对儿童发展特征的理解和尊重。给予他们充足的自我表现机会，不仅可以促进他们各个方面的发展，还可以培养他们的自信心和创造力。

（二）罗恩菲尔德美术教育思想的推广和发展

罗恩菲尔德美术教育思想自20世纪中叶提出以来，在教育和心理学界产生了广泛而深远的影响。他的著作《创造与心智的成长》不仅系统地展示了他的理论框架，而且为教育工作者提供了实践上的指导和启示。在《创造与心智的成长》一书中，罗恩菲尔德着重探讨了儿童如何在艺术活动中表达自己，并在此过程中表现出创造性。他认为儿童的艺术作品是其内心世界的直接反映，主张教师应避免对儿童的艺术活动进行过多的干预和评判。

随着这些理论的广泛传播，越来越多的学者和教育者开始对罗恩菲尔德的观点进行研究和讨论。其中，一些学者对他的发展阶段理论表示赞同，认为这为理解和支持儿童的艺术发展提供了宝贵的视角。然而，也有批评声音出现，一些批评集中在他的理论可能忽视了文化、社会背景以及个体差异对儿童艺术活动的影响。

尽管面临批评，罗恩菲尔德的思想还是在20世纪下半叶构成了美术教育的基石。许多学校和教育机构采纳了他的建议，将艺术教育纳入基础教育课程，鼓励儿童通过绘画、雕塑和其他艺术形式来表达自己，并重视这一过程在儿童整体发展中的作用。进入21世纪，罗恩菲尔德的理论仍然被广泛引用，并且被应用于多元化的教育环境之中。在当代的美术教育实践中，教师更倾向于使用跨学科的方法，将美术与音乐、文学等其他学科结合起来，以培养儿童的多元智能和创造力。

罗恩菲尔德的美术教育思想代表了一个重要的时代，在这个时代，人们开始认识到艺术不仅是一种技巧或者审美的追求，更是儿童自我表达和创造性思维发展的重要途径。尽管他的理论经历了半个多世纪的考验和发展，但其核心理念（尊重儿童的艺术天性，为其提供自由和支持的环境）仍然是现代美术教育不可或缺的一部分。无论是在理论研究还是在实际教学中，罗恩菲尔德的贡献都值得我们继续探索和实践。

二、艾斯纳的美术教育思想

艾斯纳（Eisner）作为20世纪后半叶极具影响力的美术教育思想家和实践者，他的理论对于当代美术教育产生了深远的影响。他的思想不仅体现在对美术教育本质的深刻洞察，也反映在他对美术教学实践的独到见解。

（一）艾斯纳美术教育思想的主要观点

艾斯纳的美术教育思想以其独特的视角和深入的分析而著称。他主张美术教育应当是一种全面的、综合性的教育，旨在培养学生的创造力、审美能力和批判性思维能力。他强调美术教育不仅是对技能的传授，更是对个体情感和精神的滋养。艾斯纳认为，美术是一种独特的表达方式，它能够通过视觉形象来传达情感和思想[①]。因此，美术教育应当注重培养学生的观察能力和表现力，让他们能够用美术的语言来表达自己的内心世界。他强调美术教育的过程性，认为学生在创作过程中的体验和感悟同样重要，甚至更为重要。

艾斯纳还强调美术教育与其他学科的融合。他认为，美术作为一种综合性的艺术形式，与其他学科有着密切的联系。通过与其他学科的交叉学习，不仅可以丰富美术教育的内涵，也可以提高学生的学习效果和兴趣。

艾斯纳综合了罗恩菲尔德和巴肯（Barken）的观点，提出了DBAE（以学科为基础的美术教育）思想。这种思想强调美术教育不仅关注教学过程，更应该着眼于教育结果。传统美术教育理论常常聚焦于儿童，

---

① 王冬梅，刘煜婷．艾斯纳美术教育思想对我国美术教育的启发研究［J］．艺术教育，2022（5）：130-133.

而DBAE则将重点转移到了课程的设计和实施上。通过对以往美术教育理论的批判性分析，艾斯纳指出了其中的缺陷，并结合时代特征和教育发展趋势，吸收了其他美术教育思想的优点。同时，他还注重将美术教育理论与实践相结合，通过具体实验来验证教育中存在的问题，并提出解决问题的方法。

这种综合性的美术教育理念为教育工作者提供了更加系统和全面的指导，帮助他们更好地设计和实施美术教育课程。通过深入理解DBAE思想，教育工作者能够更好地关注学生的全面发展，促进他们在审美、创造和表达等方面的能力的提升。

（二）艾斯纳美术教育思想的价值

1. 注重跨学科的融合与创新

艾斯纳认为，美术教育是一门不仅仅局限于技能传授的学科，而是应该与其他学科相互融合，形成综合性的教育体系。在他来看，将美术与语文、历史、科学等学科结合起来，可以丰富学生的学习体验，让他们在跨学科的学习活动中感受到美术的魅力和实用性。在跨学科的学习活动中，教师可以设计多种项目，让学生在实践中探索美术与其他学科之间的联系。例如，通过绘画或雕塑作品，引导学生了解历史背景、传统文化或科学原理，从而更好地理解和表达所学知识。通过这种方式，学生不仅可以提高自己的美术技能，还可以培养跨学科思维能力，拓宽视野，更好地适应未来社会的发展需求。综合性的美术教育不仅可以让学生在不同学科领域获得知识，还可以激发他们的创造力和想象力。通过跨学科的学习活动，学生可以在实践中体验到多种学科的知识结合带来的新奇感和成就感，从而更加享受学习的过程，激发对美术的兴趣和热爱之情。

2. 强调过程性评价和多元评价

在美术教育中，教师的评价不仅是给学生一个成绩，更重要的是帮助他们发现自己的潜力和提升空间。观察学生在创作中的表现，记录他们每一次的进步和困难，通过交流和沟通了解他们的想法和想要表达的东西，这些都是评价的重要内容。

艾斯纳认为，评价应该是一种鼓励和指导，而不是严格的评判和批评。教师应该注重学生在创作过程中的付出和努力，而非只关注作品的成品。只有这样，学生才能感受到自己的努力被认可，从而更有动力和信心去探索和尝试新的艺术表现方式。因此，在美术教学中，教师要灵活运用各种评价方式，不拘泥于传统的分数评定，而是注重学生的个性发展和创造性思维的培养。通过综合评价，帮助学生发现自己的优势和不足，指导他们制订有效的学习计划，不断提升自己的艺术修养和创作能力。

3. 推动美术教育的社会化和普及化

艾斯纳认为美术教育不仅是学校教育的一部分，也是社会文化的重要组成部分。因此，应积极推动美术教育的社会化和普及化，让更多的人了解和参与到美术教育中来。这可以通过开展社区美术活动、举办美术展览、推广美术教育资源等方式实现，让美术成为人们生活的一部分，提升社会的整体审美水平。

三、西泽克的美术教育思想

西泽克（Cizek）是奥地利儿童美术教育家、杜威儿童中心主义思想的拥护者，是儿童创造主义美术教育的先驱，是美术教育史上第一个“发现了儿童绘画”、给儿童绘画以崇高地位的人，被誉为“儿童绘画之父”，其美术教育思想对后世产生了深远的影响。他提出的许多观点不仅挑战了传统的美术教育观念，也为现代美术教育提供了宝贵的启示。

（一）西泽克美术教育思想的主要观点

1.儿童具有天生的绘画能力

西泽克认为，儿童天生具有绘画的天赋，这种天赋源自他们的纯真和想象力[①]。在儿童的画作中，我们不仅可以看到他们眼中的世界，还可以看到他们独特的思维和感受的象征性表达。儿童艺术是他们生命的真实反映，是他们内心世界的展示，是成人无法模仿的纯真与独创性。儿童绘画作品中常常充满着童真的快乐、无拘无束的想象和对世界的独特理解。他们会用简单的线条和色彩表达出自己的情感和观点，这种直观而不加修饰的表达方式，使人们感受到了一种纯粹的美。因此，西泽克强调，成人不应该干涉儿童的绘画过程，不应该给他们施加任何规则和标准，否则只会破坏他们的创作天赋。

2. 儿童美术教育应该以自由表现为主

西泽克的美术教育思想以其独特的视角和深刻的见解著称。他主张美术教育应以儿童的自由表现为核心，强调儿童的创作过程而非结果。他认为，儿童天生具有创造的潜能，美术教育应激发这种潜能，让儿童能够自由地表达自己的想象和情感。因此，美术教育要鼓励儿童用视觉形式表达自己在生活中的所见所闻和情感，而不是简单地按照成人的标准进行临摹，这样才能真正激发儿童的创造力和想象力，使其自由地描绘他们眼中的世界，表达他们的感受和情感。

（二）西泽克美术教育思想的应用

西泽克关于美术教育的主张在他的儿童美术教室中得到了生动而具体的实施，展现了他对儿童美术教育的深刻理解和独到见解。1904年，西泽克在维也纳工艺学校设立了儿童美术教室，这一举措不仅为儿童提供了一个展示自我、发挥创造力的平台，更为美术教育的改革与发展注入了新的活力。

在儿童美术教室中，西泽克秉持着一种全新的教育理念，即尊重儿童的个性和创造力，鼓励他们将美术作为自我表达的工具。他深信，儿童天生具有丰富的想象力和创造力，而美术教育应当成为激发这种潜能的重要途径。因此，他的教学方法与众不同，注重以自由联想和童话

① 王媛．对西泽克儿童美术教育的思考［J］．艺术教育，2015（1）：191.

故事为引导，激发儿童的想象力和创造力。在教学过程中，西泽克为儿童提供了大量的材料，让他们能够根据自己的兴趣和意愿进行选择和使用。他鼓励儿童用视觉形式表达他们对生活中的事物和所发生的事件的感受，无论是欢乐、悲伤还是愤怒，都可以通过绘画得以呈现。这种自由的表现方式让儿童能够充分发挥自己的创造力，创作出充满个性和生命力的美术作品。

西泽克的儿童美术教室中的孩子们所创作的美术作品令人赞叹不已。他们的作品想象力丰富、用色大胆、富有生气，展现出了儿童特有的天真烂漫和无限创意。这些作品不仅体现了儿童对世界的独特理解，更表达了他们内心深处的情感和认识。1919年，西泽克美术教室作品展的空前成功进一步证明了西泽克美术教育思想的价值和影响力。这次展览吸引了众多观众的目光，人们被儿童的作品所展现出的创造力和想象力所震撼。这些作品不仅让人们看到了儿童美术的无限可能，也让人们重新审视了美术教育的目的和意义。

西泽克关于儿童美术教育的主张与实践对当时的欧美各国产生了巨大的影响，也被逐渐介绍到包括中国在内的世界其他国家，促进了美术教育的根本改革与发展，开创了现代儿童美术教育的新局面，在美术教育史上树立了一个里程碑。

第二节　学前儿童美术教育的原则与目标

学前儿童美术教育作为儿童早期教育的重要组成部分，其影响和意义是深远的。它不仅能够为儿童的未来发展奠定坚实的基础，还能够为他们的人生增添更多的色彩和乐趣。因此，在实施学前儿童美术教育时，必须明确学前儿童美术教育的原则与目标，它对于确保教育的科学性和有效性、提升教育质量具有至关重要的作用。

一、学前儿童美术教育的原则

（一）尊重儿童发展特点的原则

学前儿童处于身心发展的关键时期，他们具有独特的认知方式和行为特点。在美术教育中，首先要尊重学前儿童的发展特点，根据他们的年龄、兴趣和能力来制订教育计划。例如，对于年龄较小的儿童，应提供简单易操作的美术材料，让他们通过涂鸦、拼贴等方式自由表达；对于稍大一些的儿童，可以引导他们观察生活中的事物，用绘画或手工制作的方式表现自己的所见所感[①]。

尊重儿童发展特点的原则还体现在对儿童个体差异的尊重上。每个儿童都有自己的发展速度和特点，美术教育应关注每个儿童的进步和成长，避免用统一的标准来衡量他们的作品和表现。同时，教师还应关注儿童的情感需求，为他们创造一个安全、温馨的学习环境，让他们在美术活动中感受到快乐，获得成就感。

（二）以儿童为中心的原则

学前儿童美术教育的核心是以儿童为中心，让儿童成为美术活动的主体，这一原则不仅是对儿童主体地位的尊重，更是对教育本质的一种深刻诠释。

以儿童为中心首先要明确的是，儿童是美术活动的主体。他们不是被动的接受者，而是积极的参与者、创造者。每一个孩子都是天生的艺术家，他们有着无尽的想象力和创造力。因此，在美术教育中，教师的角色不是指挥者，而是引导者、支持者。教师应尊重儿童的意愿和选择，鼓励他们按照自己的想象和兴趣去创作，而不是强加给他们成人的审美标准和技巧要求。同时，以儿童为中心的原则还强调对儿童创造力的培养。创造力是现代社会最宝贵的财富之一，而学前时期是儿童创造力发展的关键期。在美术活动中，教师应为儿童提供一个宽松、自由的

---

① 尹蕾，吴丽萍，唐立娟．学前儿童美术教育［M］．南京：东南大学出版社，2017．

环境，让他们能够大胆尝试、勇于创新。儿童在创作过程中可能会遇到困难，甚至犯错误，但这正是他们学习和成长的机会。教师应以宽容和理解的态度对待儿童的创作成果，鼓励他们从错误中汲取经验，不断提升自己的创作水平。

（三）游戏性与趣味性相结合的原则

学前儿童美术教育游戏性和趣味性的结合，不仅可以让儿童在学习的过程中感受到快乐，还能够激发其对美术的兴趣。增加游戏元素，如美术拼图游戏、填色游戏等，可以让儿童在参与中学习，从而提高他们的学习效果。在美术教育中，教师可以通过讲故事的形式来引导儿童了解艺术作品背后的故事，激发他们的想象力和创造力。同时，还可以利用音乐、舞蹈等形式与美术结合，创造出更加多元化和有趣的学习活动，让儿童在欣赏美术作品的同时，感受到不同艺术形式的魅力。

（四）引导与启发相结合的原则

学前儿童美术教育应坚持引导与启发相结合的原则，这一原则不仅体现了教育的智慧，更是对儿童身心发展规律的深刻认识。

谈及引导，教师的作用不容忽视。学前儿童正处于身心发展的关键期，他们对于外界的认知主要依赖于感知和模仿。因此，教师在美术教育中，应通过生动形象的示范和深入浅出的讲解，向儿童传授基本的美术知识和技能。

然而，仅有引导是不够的。学前儿童的想象力丰富、创造力旺盛，他们需要的不仅仅是模仿，更需要思考和探索。因此，教师在美术教育中还应注重启发，通过提问、讨论等方式，激发儿童思考，引导他们发现问题、分析问题，并尝试解决问题。

在引导与启发的过程中，教师还应注重培养儿童的批判性思维。美术活动不仅是画画，更是一个发现问题、解决问题的过程。教师应鼓励儿童大胆表达自己的想法，对作品进行自我评价和相互评价，让他们在评价中学会思考、学会批判。

（五）跨学科性原则

学前儿童美术教育不应是孤立的。在传统教育观念中，美术教育往往被视为与其他学科相分离的领域，但实际上，美术与其他学科之间存在着紧密的联系。例如，在语言教学中，可以通过让儿童绘制故事场景、角色形象等方式，将语言元素融入美术创作中，让儿童在绘画的过程中理解并表达故事情节，从而提升他们的语言表达能力。同样地，在数学和科学教学中，美术也可以作为一种有效的辅助手段，帮助儿童更好地理解和掌握抽象概念。

（六）审美性原则

审美性原则是指教师在学前儿童美术教育过程中要把握好儿童的审美特点，无论是教学目标的制定、教学内容的选择，还是教学的实施都应注意审美性，即教学目标应以学前儿童审美心理结构的建构为主，教学内容应有潜在的审美价值，教学实施过程中应注意审美环境的创设，审美特征的感知、理解与创造，审美情感的陶冶等。

审美性原则是由美术和学前儿童美术教学的两种审美本质特点所决定的。

从美术本身来看，它具有审美、教育、认识、娱乐等功能。其中，审美功能是其最主要、最基本的特征，即美术家通过美术创作来表现和传达自己的审美意识与审美理想；欣赏者通过欣赏来获得美感，并满足自己的审美需要。审美功能是美术其他社会功能的根本所在。

从学前儿童本身来看，学前儿童的心理发展具有自我中心的特点，他们常常把自己的内心情感投射到客体上，使不具备生命力的无机世界充满活力，显示出一种审美意境。美术教学应该顺应学前儿童发展的这种特点，使他们得到美的享受与陶冶，从而培养他们的审美情趣，提高他们的审美素养，达到人格的健全与完善。

审美性原则应贯穿于美术教育教学的全过程，让学前儿童在获得愉悦感受的同时发现美、体验美、感受美、创造美。首先，教师要为学前儿童选择富有审美趣味和意境的美术作品与材料。虽然说美术教育活动的主题大多来源于生活，但美术活动题材应高于生活，因为它是我们施教的载体，应具备一定的审美意义和审美价值，不能失去美术最本质、最典型的特征。例如，在美术活动“插花”中，儿童选取了鲜花作为送给妈妈的母亲节礼物，教师创设了插花艺术活动，通过参观花店、欣赏插花、自己创作等活动，使学前儿童感受到花的另一种表现形式。活动从生活中来却不失其审美价值。其次，在美术教学活动的各个环节以及教师引导方法的设计中，要始终注意培养儿童对美的感受力，唤起儿童的审美情感和体验，提高其审美感受力和审美理解力。例如，在欣赏《哈里昆的狂欢》时，教师不仅要引导儿童欣赏作品的内容，还要引导他们欣赏作品的线条、色彩和构图等形式审美要素，以提高学前儿童的审美能力。

学前儿童美术教育活动遵循审美性原则还要注意美的多样性，即教师在教学活动中应注意各种不同类型课业的特点。例如，绘画与工艺各种类型的艺术形式分别有各自不同的形态美的特点。绘画的画种不同，其形态美也不同。绘画和图案分别具有绘画艺术和装饰艺术的不同的形态美，工艺设计制作具有与绘画艺术和装饰艺术的不同的形态美。泥塑与纸制作都是立体造型，但其各自的装饰性、奇特变形的美的特点差异悬殊。

人人都有审美的偏爱，作为教师，应该不带偏见地给予必要的介绍，不把个人的好恶强加于学前儿童。不仅如此，教师还应充分讲解、分析各种美术形式美的特点，使学前儿童的审美能力得以提高。例如，在美术活动中创作水墨画《向日葵》，这幅画的绘制过程是将现实美的一个具体形象变为艺术美的画面。首先，教师可从花朵和叶子的形状、颜色等方面选择符合造型美的要求的实物，用实物本身唤起学前儿童的审美感。其次，教师提醒他们从不同的角度观察，找到最佳的表现角度，启发、讲解，使学前儿童在观察认识中领悟到形象美的构造原理，美感便油然而生。在创作活动中，学前儿童不仅学到了观察物体形象美的本领，而且会产生一种指向物象的亲切感和喜悦的情绪，创造性、表现性也会随之得到加强。接着教师再做进一步讲解，演示用水墨画技能表现向日葵的方法，特别要讲明画出来的向日葵既像眼前看到的，又具有向日葵的典型的形象美，使学前儿童感受到水墨画表现的美。最后，儿童在教师的引导下操作绘制，成为制作美、欣赏美的人。有了这种"双重美"的感受，儿童能更清楚地认识到现实美与艺术美的区别。当他们能够真切地感受到这一切时，其审美能力就有了一个飞跃，而这种审美感受，比未经训练过的审美感受要深刻得多、丰富得多。

同时，教师还要用正确的审美眼光看待学前儿童美术创作的过程和结果。在美术活动中，学前儿童的创作过程是美术作品形成的过程。教师既要尊重儿童创作过程中的自主选择，更要尊重儿童艺术创作的过程和结果；评价时不能使用"像不像"这样唯一的或刻板的标准来衡量学前儿童的作品，而应该尊重他们的解释和表现方式，审学前儿童之"美"，挖掘美术活动过程和作品对他们自身的价值。

（七）发展性原则

发展性原则是指在学前儿童美术教学活动中，要处理好当前需要与长远发展的关系，使儿童的身心获得可持续发展。

学前儿童的美术能力是由低到高呈阶段性规律发展的，如学前儿童手工制作能力发展从无目的的活动期再到基本形状期是一个渐进发展的过程。发展的动力来自两个方面：一方面是儿童从自己所做的许多造型尝试中得到成果和发现，再反过来加以运用；另一方面是随着儿童视觉理解力的增长，他们对自己初级阶段的造型样式产生不满，于是，向着更加高级的阶段探索。作为教育者，应更多从儿童的兴趣出发，按照学前儿童美术发展的规律实施美术教育，让他们在轻松、愉快中发挥天性和创造性。在美术学习过程中，主要看儿童是否大胆、自主、创造性地表达想法和从事创作活动，而不是只关注结果。因而，学前儿童美术教育的发展性就体现在两个方面：促进学前儿童个性化发展以及美术教育的可持续发展。

学前儿童的学习方式和表现方式是个性化的，因此发展也是个性化的。学前儿童美术教育特别强调面向全体儿童，关注每一个个体的学习特点和心理品质，赋予每个儿童以满足感和成功感。美术教育不能单纯以培养“天才儿童”为目标，而应该从全体儿童出发，保护他们纯真的童心与多样的个性。美术活动是学前儿童获得自我满足感和成功感的最佳舞台，儿童喜欢展示自己的成果，因为这是他们自己的创作，最能体现自我的价值，使他们获得真正的满足感和成功感。作为教师，不论是从全体还是个体考虑，都需要关注学前儿童表达方式和表达水平的不同，在接纳、尊重的基础上促进他们个性化的发展。

在实施发展性原则时，要处理好情感与技能的关系，坚持美术教育的可持续发展，避免功利化的美术教育取向。也就是说，在美术活动中培养学前儿童的表现能力和创造性，不能只强调技能、技巧的训练，还应引导学前儿童去表现美、感受美、创造美，大胆地表现自己的情感和体验，并能用自己喜欢的方式进行艺术表现活动。在美术活动中，技能的掌握固然重要，但培养儿童对美术的热爱更重要，因为只有服务于艺术的技能才是可持续发展的技能。但我们还要明确，美育也不应是单纯美学的讲授，而应是与技法训练、设计、制作相结合，这种结合还意味着培养儿童创造美、应用美的能力。因此，学前儿童美术教育必须坚持正确的价值取向，对学前儿童实施合理的美术教育，促进美术教育的可持续发展。

（八）家园共育的原则

学前儿童美术教育是一项综合性的教育任务，它不仅仅局限于幼儿园的课堂之中，更是一个需要家庭与幼儿园共同参与的过程。在这个过程中，家园共育的原则显得尤为重要。家庭，作为儿童成长的起点和温暖的港湾，其对于儿童美术发展的影响不容忽视。家长的态度、行为以及家庭环境，都会在无形之中塑造儿童的审美观念和创作风格。因此，学前儿童美术教育的成功实施，离不开家长的积极参与和配合。

为了实现家园共育的目标，教师应与家长保持密切的沟通和合作。教师可以通过定期与家长交流，了解儿童在家中的美术创作情况以及家长对于美术教育的看法和建议。同时，教师也可以向家长介绍幼儿园的美术教学活动以及儿童在活动中的表现和进步。这种双向的沟通，有助于增进家长对于美术教育的理解和支持，也能够帮助教师更好地了解儿童的需求和兴趣。除了日常的沟通外，教师还可以通过组织家长会、亲子活动等方式，进一步促进家园之间的合作。在家长会上，教师可以向家长宣传美术教育的理念和方法，分享一些成功的美术教育案例以及提供一些实用的家庭教育建议。而亲子活动则可以为家长和儿童提供一个共同创作的机会，让他们在轻松愉快的氛围中体验美术的乐趣。

家园共育的原则不仅有助于提升学前儿童美术教育的效果，更有助于培养儿童的综合素质。在家庭和幼儿园的共同努力下，儿童可以在一个更加和谐、宽松的环境中成长，他们的创造力和想象力将得到更好的发挥。同时，这种教育方式也有助于增进亲子关系，让家庭成为儿童成长的坚强后盾。

二、学前儿童美术教育的目标

学前儿童美术教育作为儿童早期教育不可或缺的一环，其目标不仅在于培养儿童的艺术技能，更在于促进其全面发展，包括智力、情感、创造力及社交能力等多个方面的提升。在深入剖析学前儿童美术教育的目标时，我们可将其划分为多个层次和维度，以更全面、系统地理解其教育价值。

（一）总目标

总目标是学前儿童美术教育总的任务和要求，是确定其他层次目标的依据。《幼儿园教育指导纲要（试行）》（以下简称《纲要》）中明确规定了艺术领域的目标。

①能初步感受并喜爱环境、生活和艺术中的美。

②喜欢参加艺术活动，并能大胆地表现自己的情感和体验。

③能用自己喜欢的方式进行艺术表现活动。

为达到这一目标，《纲要》还列出了艺术领域的内容和要求。

①引导幼儿接触周围环境和生活中美好的人、事、物，丰富他们的感性经验和审美情趣，激发他们表现美、创造美的情趣。

②在艺术活动中面向全体幼儿，要针对他们的不同特点和需要，让每个幼儿都得到美的熏陶和培养。对有艺术天赋的幼儿要注意发展他们的艺术潜能。

③提供自由表现的机会，鼓励幼儿用不同的艺术形式大胆地表达自己的情感、理解和想象，尊重每个幼儿的想法和创造，肯定和接纳他们独特的审美感受和表现方式，分享他们创造的快乐。

④在支持、鼓励幼儿积极参加各种艺术活动并大胆表现的同时，帮助他们提高表现的技能和能力。

⑤指导幼儿利用身边的物品或废旧材料制作玩具、手工艺品等来美化自己的生活或开展其他活动。

⑥为幼儿创设展示自己作品的条件，引导幼儿相互交流、相互欣赏、共同提高。

可以说，《纲要》既考虑到了儿童发展的年龄特征，又考虑到了社会对未来人才的要求，同时，也体现了“感受与创造并重”的艺术教育观，其实质就是要培养幼儿的审美感受能力和艺术创造能力。这种艺术教育观落实到学前儿童美术教育中，可以将学前儿童美术教育的总目标表述如下。

①初步感受周围环境和美术作品中的形式美和内容美，培养儿童对美的敏感性。

②积极投入美术活动并学习自由表达自己的感受，体验创造的乐趣。

③初步尝试不同美术工具和材料的操作，并用自己喜欢的方式大胆

地表达出来。

这一总目标是对学前儿童美术教育目标最概括的陈述。它是学前儿童美术教育其他层次目标制定的依据，体现了美术教育的审美性质，强调要培养儿童的审美感知、审美情感和审美创造等基本能力。

（二）分类目标

分类目标从学前儿童美术教育活动的三种类型即欣赏、绘画、手工的角度来描述。每种类型中又包含了认知、技能、创造、情感等方面的具体要求。但不同的领域侧重点不同，绘画和手工类型侧重审美创造能力的培养，欣赏类型侧重审美感知能力的培养，而审美情感体验能力的培养则在三种类型中都有体现[①]。分类目标还反映了三种教育活动各自的特点，突出了学前儿童美术教育实践的启蒙性质，即在目标的表述中较多地使用了“初步”“粗浅”“基本”等限定用语。

1. 欣赏活动

认知目标——引导儿童学习一些粗浅的美术知识，了解对称、均衡等形式美的初步概念；引导儿童初步感受周围环境和各种美术作品中造型、色彩、构图的情感表现性；引导儿童感受美术作品的内容，使他们了解美术作品如何表现现实生活。

技能目标——培养儿童对美的感知和评价能力，丰富其审美经验。

创造目标——引导儿童用语言、动作、表情等表达自己对形式美和内容美的感受。

情感目标——引导儿童体验美术欣赏活动的乐趣，培养他们的欣赏兴趣。

2. 绘画活动

认知、技能目标——引导儿童初步学习多种绘画的基本技能和方法。

---

① 林琳，朱家雄．学前儿童美术教育与活动指导（第4版）［M］．上海：华东师范大学出版社，2022．

创造目标——使儿童能大胆地运用线条、色彩、构图初步进行创造性的表现，培养其绘画创造能力和创造意识。

情感目标——引导儿童体验绘画活动的乐趣，培养他们对绘画的兴趣；帮助儿童形成良好的绘画习惯。

3. 手工活动

认知、技能目标——引导儿童初步学习手工材料和工具的基本使用方法，帮助儿童在塑造和制作活动中发展小肌肉和手眼协调的动作。

创造目标——使儿童能大胆地塑造和制作不同形态的手工制品，表现自己的意愿。

情感目标——引导儿童体验手工活动的乐趣，培养他们对手工的兴趣；培养儿童良好的手工活动习惯。

（三）教育活动目标

1. 学前儿童美术教育活动目标的设计原则

美术教育活动目标是教师依据美术教育的总目标、各类型美术活动的年龄阶段目标，并结合活动的具体内容来制定的。一般来说，具体的美术教育活动目标既是对活动结果的预示，也是对儿童提出的具体活动要求。教师在制定美术教育活动目标时应注意以下几点。

（1）目标制定的角度要统一

美术教育活动目标制定的角度要统一，是指美术教育活动中目标的制定都要从教师角度或儿童角度出发。例如，中班“制作汽车”的活动目标表述为：学习用牙膏盒和瓶盖制作汽车的方法，发展手指肌肉动作；学习观察汽车的结构和造型特征；培养做事细心、耐心的良好习惯。该活动目标是统一从儿童角度来表述的。

（2）目标制定要着眼于儿童的发展

美术教育活动目标制定应着眼于儿童的发展，把儿童原有的水平与新活动提出的发展目标联系起来考虑，使活动目标既适应儿童已有发展水平，又能促进儿童达到新的发展水平。同时，教师在制定目标时还要考虑，在发展儿童美术能力的同时，也要发展儿童的学习、个性、社会性等方面的能力。例如，教师对中班绘画活动“小猪盖房子”制定的活动目标是：①尝试选择不同的图形组合表现小猪的基本结构和特征，并根据故事的内容添加绘画背景；②体验不怕困难、坚持到底、获得成功的快乐。目标①是基于儿童已有的经验确立的技能发展目标，目标②是促进儿童个性的良好发展。

（3）目标内容要有系统性

美术教育活动目标的系统性具体体现在两个方面。一是活动目标中应当包含认知目标、技能目标、创造目标和情感目标。在制定一个具体的美术活动目标时，要综合、系统地体现以上四个方面的目标，既不能过分强化某一方面，也不能忽视其他方面。二是具体的活动目标在方向上应与总目标、年龄阶段目标等相一致。具体活动目标是从上一级目标中逐步分化出来的。因此，教师在制定具体的美术活动目标时，要根据儿童的年龄和发展水平，由浅入深、循序渐进地提出目标，体现目标的层次性。例如，大班美术活动“小小运动员”的目标表述为：尝试运用制作报纸小人的经验，制作出各种运动造型的人物形象（技能目标）；通过观察图片，了解各种运动的姿势，自主探索不同的运动造型的表现、设计方法（知识、创造目标）；能主动、愉快地参与创作过程，喜欢运用报纸进行创作（情感目标）。

（4）目标要具有可操作性

美术教育活动目标的表述要具体，具有可操作性，避免出现空泛而笼统的目标。例如，某位教师在一个大班手工活动计划中将目标制定为“引导儿童学习用彩泥塑造人物”“引导儿童恰当地使用辅助材料和工具”“培养儿童的想象力、创造力”。虽然此目标统一从教师角度出发来表述，但目标中没有体现具体的行为，也没有指出行为发生的条件，因此也就无法反映出教师通过何种具体活动来体现和落实对儿童各种能力的培养。由于目标过于笼统，只指出了教育的方向，没有具体的教育活动的目标内容，因此缺乏可操作性，对教师的教学无法产生指导作用，也不便于实施后的评价。

2. 学前儿童美术教育活动目标的表述

学前儿童美术教育活动目标通常有以下三种表述方式。

（1）行为目标

行为目标陈述的是儿童学习行为变化的结果。这种行为变化的结果是可以观察和测量的，它包括三个组成部分：第一，儿童外显的美术行为表现，如“画出”；第二，观察到的这种行为表现的条件，即儿童的这种美术行为是在什么样的情况下产生的，如“在教师的指导下”还是“独立地”完成；第三，行为表现的具体内涵，如画出一群正在做游戏的小朋友，剪出一朵窗花。一般来说，美术技能的学习目标，可采用行为目标的形式来表述。

（2）展开性目标

展开性目标陈述的是儿童学习行为变化的过程。它所关注的不是外部事先规定的目标，而是强调教师根据教育的实际进展提出相应的目标，注重的是行为进展的过程而不是结果。在学前儿童美术教育活动中，儿童的感受与体验、艺术修养、情操陶冶、人格的健全和完善是在长期的教育过程中逐渐形成的，可以采用展开性目标的形式来描述。例如，通过观察下雨，学习关注日常生活中的自然景象。

（3）表现性目标

表现性目标陈述的是儿童参与某种活动后得到的各不相同的结果。它所关注的是儿童在活动中表现出来的某种程度上首创性的反应，而不是事先规定的儿童行为变化的结果。表现性目标强调的是儿童行为结果的开放性。例如，“学习设计服装，注意款式、色彩和装饰纹样的变化美”一课，可以采用表现性目标的表述方式。独创是艺术的本质特征，因而教师应特别注意表现性目标的描述。

第三节　学前儿童美术教育的主要价值

学前儿童美术教育作为儿童早期教育的重要组成部分，承载着促进儿童全面发展的多重价值。这一阶段的美术教育不仅关乎儿童美术技能的提升，更对儿童的认知、情感、创造力及社交能力等方面产生深远影响。深入剖析学前儿童美术教育的主要价值，对于指导教育实践、促进儿童全面发展具有重要意义。

一、满足学前儿童情感教育的需求

学前儿童美术教育在儿童的成长过程中扮演着至关重要的角色。它不仅是对儿童艺术技能的培养，更是对其情感教育的满足。学前儿童对于美术有一种自然的渴求和喜爱，这种喜好并非偶然，而是源于他们内心的情感需求和对世界的感知方式。

学前儿童喜欢涂涂画画，这是他们内心情感的自然流露。在儿童的眼中，世界是充满色彩和形状的，他们通过绘画来表达对世界的感知和理解。绘画成为他们与世界沟通的一种方式，也是他们表达情感的重要途径。因此，美术教育应当充分满足儿童的这种自然需求，为他们提供一个自由发挥的空间，让他们能够尽情地表达自己的情感和想法。具体来说，美术教育在学前儿童情感教育中具有以下价值。

（一）提供情感沟通与满足的机会

美术教育为学前儿童提供了一个情感沟通与满足的机会。在绘画和手工活动中，儿童可以通过外在的符号形式来表达自己的心情和观点，抒发内心的情感。这种表达方式让他们感到被理解和接纳，从而获得一种精神上的满足[①]。同时，通过与其他儿童的交流和分享，他们还能感受到用美术与别人交流的喜悦，进一步满足他们的社交需求。

（二）促进情感世界的丰富与发展

美术教育有助于学前儿童情感世界的丰富与发展。在美术活动中，儿童可以接触到各种各样的艺术作品和创作方式，这些都能激发他们的想象力和创造力。通过创作过程中的情感体验和表达，儿童能够更深入地理解自己的情感，学会用美术语言来表达和沟通。这种情感的表达和沟通过程，不仅能够丰富他们的情感世界，还能提升他们的情感素养和人际交往能力。

（三）培养积极的情感态度和情感品质

美术教育还有助于培养学前儿童积极的情感态度和情感品质。在美术活动中，儿童需要耐心、细心地观察和感受世界，这有助于培养他们的耐心和专注力。同时，通过创作过程中的不断探索和尝试，儿童能够培养面对挫折和困难时的坚持和勇气。这些积极的情感态度和品质将对儿童的未来发展产生深远的影响。

二、开发学前儿童的大脑潜能

美术活动过程与美术作品能够使学前儿童获得满足感，而这种满足感是个人成就感的重要源泉，美术活动在培养学前儿童自觉意识和良好道德品质方面起着重要作用。另外，学前儿童美术教育有助于儿童大脑潜能的开发。美国科学家斯佩里（Sperry）博士研究发现，人脑两半球的功能是高度专门化的，有着明显的分工，每一半球的功能都是独立、完整而又相互配合的。而以形象思维为主的美术活动主要是由大脑右半球支配的，对学前儿童进行的美术教育将有助于他们大脑的健康、协调发展及大脑右半球潜能的开发。早期右脑得到充分的发展，可以在日后逻

① 张星文．学前美术教育对儿童人格形成的重要性分析［J］．山海经：教育前沿，2019（2）：215.

辑思维加工的学习任务大量增加、刺激左脑功能迅速发展之间，起平衡和协调的作用，也为入学后右脑功能获得持续发展打下良好的基础。

学前时期是大脑发育最快的时期，如果在这一时期只注重教儿童识字、计算，而不注意对他们视觉空间能力的培养，便会阻碍他们大脑右半球的发育。而适当多让学前儿童参加美术活动，则会对他们大脑的健全发育起促进作用。

三、培养学前儿童的智力、想象力、创造力等

学前美术教育在儿童的早期成长过程中，不仅是一种艺术的熏陶，更是智力、想象力、创造力等能力的培养途径。美术作品所蕴含的多彩世界以及美术活动所带来的无限可能，都为学前儿童提供了极佳的学习与成长环境。

（一）学前美术教育有助于培养儿童的智力

儿童在接触和欣赏美术作品时，会不自觉地整合各种知识经验，形成对事物的独特认知。这些认知不仅包括对形状、比例、色彩等视觉元素的理解，更包括对作品所蕴含的文化、历史、情感等深层次内容的领悟。在这一过程中，儿童的观察力、分析力、判断力等智力因素得到了有效的锻炼和提升。同时，美术创作活动也需要儿童运用逻辑思维进行构思和设计，这进一步促进了他们抽象思维的发展。

（二）学前美术教育能够激发儿童的想象力

儿童天生具有丰富的想象力，而美术活动为他们提供了一个自由发挥的舞台。在绘画或手工创作中，儿童可以尽情地将自己的想象转化为具体的作品，这一过程不仅锻炼了他们的动手能力，更激发了他们的创造性思维。通过不断想象和创作，儿童逐渐形成独特的艺术风格和审美观念，为将来的创新发展奠定坚实的基础。

（三）学前美术教育是儿童记忆力的锻炼场

学前儿童绘画是一种基于记忆的表达方式。儿童在绘画时，往往依

据自己对事物的认知和记忆来描绘。他们可能不是完全按照事物的真实形态来画，而是根据自己的理解和记忆进行创作。这种绘画方式不仅有助于儿童巩固和深化对事物的记忆，还能够在绘画的过程中锻炼记忆能力。通过不断回忆、比较和再现，儿童的记忆力能够得到有效的锻炼和提升。

（四）学前美术教育能够有效地提高儿童的注意力

学前儿童的注意力一般比较弱，容易受到外界因素的干扰。而美术活动具有丰富的内容和多样的形式，能够吸引儿童的注意力并使其保持稳定。在绘画或手工制作的过程中，儿童需要全神贯注地投入创作中，他们的注意力得到了有效的锻炼①。同时，美术活动的成果也能够让儿童感到满足和自豪，从而进一步激发他们的学习兴趣和提高注意力。

（五）学前美术教育是培养儿童创造能力的重要途径

在美术活动中，儿童需要独立思考、自主创作，这要求他们具备较强的创造能力。通过不断尝试和实践，儿童逐渐掌握了各种美术技巧和创作方法，他们的作品也变得越来越富有创意和个性。这种创造能力的培养不仅有助于儿童在美术领域取得更好的成绩，更能够为他们未来的学习和生活提供源源不断的创新动力。

总之，美术活动为学前儿童的想象和创造提供了一种现实化、形象化、具体可见的形式。儿童在绘画或手工制作的过程中，可以将自己的想象和创意转化为具体的作品，使它们变得可见。这种形式的表达不仅能够让儿童更加直观地感受到自己的创作成果，还能够让他们更好地理解和欣赏自己的作品。同时，这种形式的表达也为儿童提供了一种与他人交流和分享的方式，促进了他们的社交能力的发展。

四、帮助学前儿童学习适应其他学科和未来工作

美国吉尔福特（Guilford）与洛厄福尔特（Lowerfurt）两位博士曾

---

① 马亚雅．美术教育在学前教育中的作用——浅谈绘画活动与手工制作对幼儿能力培养和发展的重要性［J］．教学方法创新与实践，2020（2）：70-72.

研究报告，通过美术的创造活动培养出的能力有八种，即感受性、流畅性、整体性、独创性、再决定与再构成的能力、分析及抽象能力、综合与结合能力、组织的一贯性。

首先，学前美术教育能够培养儿童的感受性。在绘画、手工制作等美术活动中，儿童需要用心观察、感受事物的形态、色彩、质感等特征。这种感受性的培养，有助于儿童在其他学科的学习中更加敏锐地捕捉信息，提高学习效果。同时，感受性也是未来工作中不可或缺的能力，它能够帮助人们更好地理解客户需求、把握市场变化，从而作出准确的判断和决策。

其次，学前美术教育能够锻炼儿童的流畅性、整体性和独创性。在美术创作过程中，儿童需要不断地尝试、探索，将自己的想法和创意转化为具体的作品。这种过程有助于培养他们的流畅性思维和整体性思考能力，使他们能够更好地把握事物的整体结构和内在联系。同时，美术创作本身就是一种创新活动，它鼓励儿童打破常规、发挥想象力，从而培养他们的独创性。这种独创性在未来的工作中将发挥巨大的作用，帮助人们在竞争中脱颖而出。

最后，学前美术教育能够培养儿童的再决定与再构成的能力、分析及抽象能力、综合与结合能力以及组织的一贯性。在美术活动中，儿童需要对事物进行细致的分析，抽象出其主要特征，然后进行综合和结合，最终形成一个完整的作品。这个过程锻炼了他们的逻辑思维和解决问题的能力，为他们未来的学习和工作打下了坚实的基础。

以上这些能力不仅是美术家所必需的，其他行业从事创作的人也必须具有这类能力。在当今我国社会主义物质文明与精神文明建设的浪潮中，各行各业对人才的需求日益多样化，德、智、体、美、劳全面发展的人才成为时代的呼唤。无论是社会经济的各个部门，还是自然科学的各个领域，都深深地烙印着美术的影子。美术，这一看似独立的艺术门类，实际上在人们的日常生活和工作中扮演着不可或缺的角色。教师，作为培养下一代的“园丁”，他们的教具制作往往需要融入美术的元素，使知识更为直观、生动。而工程师在设计建筑、桥梁、机械时，更是离不开精准的绘图技能，这背后都是美术基础知识的支撑。科学家在进行发明创造时，同样需要借助美术的力量，将抽象的思维转化为具象的模型，以便更好地进行研究和探索。美术学科所培养的光感、色感、空间立体感以及造型能力，不仅是对美的追求，更是对人才综合素质的全面提升。这些能力在现代社会已经成为衡量一个人才知识结构是否完善、艺术素养是否深厚的重要标志。

第三章　学前美术教育与学前儿童能力的发展

学前美术教育作为儿童早期教育的重要组成部分，对学前儿童能力的发展具有深远的影响。本章将探讨学前美术教育如何促进学前儿童的感知能力、创造性思维、智力等多方面能力的发展。

第一节　学前美术教育与学前儿童感知能力的发展

学前儿童正处于身心发展的关键时期，其感知能力的发展对于日后的学习和生活具有至关重要的影响。学前美术教育作为儿童早期教育的重要组成部分，通过丰富多彩的艺术活动，让儿童在视觉、触觉等多种感官的参与下，感知世界、认识事物，进而促进他们感知能力的发展。

一、美术教育对学前儿童视觉感知能力的促进

（一）学前儿童视觉的发展

1. 颜色视觉的发展

颜色视觉在人的实践活动和心理发展上具有巨大的意义。因此，应

当从儿童时期起，发展人们的颜色视觉。

我国心理学工作者曾对学前儿童的颜色辨认进行了研究。实验大致如下：测试3～6岁儿童在0.01秒、0.05秒和0.10秒3种速度下快速辨认颜色的能力，共有棕、白、红、绿、紫、橙、淡蓝、品红、深绿、黄、深棕、蓝等颜色，每种颜色分别以3种速度呈现。儿童每看一次后，在贴有12种颜色的大卡片上指示所看到的颜色。实验结果如下。

①学前儿童对黄、红、绿3种颜色的辨认正确率最高，对12种颜色的辨认正确率由高到低为：黄、红、绿、橙、白、淡蓝、紫、深棕、品红、蓝、棕、深绿。

②学前儿童对12种颜色的辨认能力随着年龄的增长而逐步提高。

③颜色呈现的速度对学前儿童颜色辨认结果有明显影响，正确率和时间的长度成正比。

2. 视觉感受性的发展

视觉感受性的发展对人的实践活动和儿童的心理发展有巨大的意义。有人认为，儿童年龄越小，视力越好，事实并非如此。学前初期儿童的视觉感受性比学前晚期儿童差。例如，在视力测量表上看清某一图形所需的可能的距离，各年龄段儿童是不一样的：4～5岁可能看到某一图形的平均距离是2.1米，5～6岁是2.7米，6～7岁则是3.0米。因此，不要让儿童坐得离图片和实物太远，不要让他们看很小的图画，以免影响他们的视力。

实验证明，在有兴趣的游戏活动中，视觉感受性是可以经过训练而提高的，学前初期平均可提高15%～20%，学前晚期可提高30%。

（二）美术教育促进学前儿童视觉感知能力发展的表现

视觉是人类感知世界的主要方式之一，而学前美术教育正是通过绘画、手工制作等艺术活动，让儿童在观察、模仿和创作的过程中，不断锻炼和提升视觉感知能力。

1. 学前美术教育有助于培养儿童的观察力

在绘画活动中，儿童需要仔细观察物体的形状、色彩和纹理等特征，以便将其准确地呈现在画布上。这种观察过程不仅锻炼了儿童的视觉感知能力，还让他们学会了如何从不同角度和层面去认识和理解事物。

2. 学前美术教育有助于培养儿童的色彩感知能力

色彩是视觉感知的重要组成部分，而美术教育通过让儿童接触和使用各种颜色的颜料和画笔，让他们对色彩有了更深刻的认识和理解。儿童在绘画过程中，学会了如何运用色彩来表现物体的特征和自己的情感，从而提升了他们的色彩感知和运用能力①。

3. 学前美术教育有助于培养儿童的空间感知能力

在绘画和手工制作活动中，儿童需要考虑物体的空间位置和布局，以便在画布或手工材料上呈现出具有立体感和空间感的作品。这种空间感知的训练有助于儿童在日常生活中更好地理解和把握空间关系，提升空间感知能力。

二、美术教育对学前儿童触觉感知能力的促进

（一）学前儿童触觉的发展

儿童的触觉是在教育和儿童活动中发展起来的。触觉是运动觉和皮肤觉的结合，它对儿童心理的发展有很重要的意义。

触觉的绝对感受性在儿童很小的时候就开始发展，如对粗细、软硬、轻重等的辨别。触觉的差别感受性从学前时期才开始发展。例如，3～4岁儿童用两手来比较体积相同而重量不同的小盒子，他们往往认为重量是一样的；而5～6岁儿童就能比较充满信心地指出哪一个重些，哪一个轻些。

---

① 张丽艳. 美术教学对学前儿童感知能力培养研究［D］. 大连：辽宁师范大学，2020.

儿童在实践活动中，视分析器（视觉）与运动及皮肤分析器（触觉）之间形成的暂时联系，对形成物体知觉和空间知觉有特殊的意义。

（二）美术教育促进学前儿童触觉感知能力发展的表现

触觉是儿童感知世界的一种重要方式，而学前美术教育中的手工制作活动为儿童提供了丰富的触觉体验机会。

1. 学前美术教育有助于培养儿童的触觉敏锐性

在手工制作活动中，儿童需要运用手指和手掌去触摸、揉捏、拼接各种材料，从而感受到不同材料的质地、硬度和温度等特性。这种触觉体验有助于儿童形成对不同材料的认识和理解，提升他们的触觉敏锐性。

2. 学前美术教育有助于培养儿童的触觉创造力

在手工制作过程中，儿童需要运用想象力和创造力，将各种材料组合成具有独特形态和功能的作品。这种创造过程不仅锻炼了儿童的触觉感知能力，还让他们学会了如何利用触觉信息来进行创造和创新。

三、美术教育对学前儿童整体知觉和部分知觉能力的促进

（一）儿童整体知觉和部分知觉的发展

国外心理学家埃尔金德（Elkind）、凯格勒（Koegler）等曾对儿童的整体知觉和部分知觉的发展作了研究。他们给195名5～9岁的儿童看一些图片，这些图片的图形虽然看起来似乎是一个整体，但其各个部分被描绘得很突出（见图3-1），让儿童说出“看到了什么”“它们看起来像什么”。

实验结果表明，4～5岁儿童大多只看到了图形的个别部分，如71%的4岁儿童只看到“2只长颈鹿”或“1个土豆”等。6岁开始能看见整体，但不够确定。7～8岁既能看到部分，又能看到整体，但还未把两

者联系起来。8～9岁则一眼就能看出部分与整体的关系，实现了部分知觉与整体知觉的统一。例如，一个8岁儿童说“我看见了一个用水果做的人”。

图3-1 儿童图画的整体知觉与部分知觉的研究

（二）美术教育促进学前儿童整体知觉和部分知觉发展的表现

学前美术教育对学前儿童整体知觉和部分知觉能力的提升具有显著的促进作用。通过丰富多彩的美术活动，儿童不仅能够提升对事物的整体把握能力，还能够更加细致地感知事物的局部特征和细节。同时，美术活动还能够激发儿童的想象力和创造力，使他们在感知和认识世界的过程中形成全面而深入的认识。

1. 美术教育有助于提升学前儿童的整体知觉能力

整体知觉是指儿童对事物整体结构和关系的感知能力。在学前美术教育中，儿童通过观察、模仿和创作各种艺术作品，能够逐步学会从整体上把握事物的特征。例如，在绘画活动中，儿童不仅需要关注物体的形状、色彩等细节，还需要考虑画面的整体布局和构图，以呈现出完整的作品。这种从整体到部分的观察方式，有助于培养儿童的整体知觉能力，使他们在日常生活中能够更好地理解和把握事物的整体结构和关系。

2. 美术教育有助于提升学前儿童的部分知觉能力

部分知觉能力是指儿童对事物局部特征和细节的感知能力。在美术活动中，儿童往往需要仔细观察物体的局部特征，以便在画布上准确地呈现出来。例如，在绘画一只动物时，儿童需要仔细观察动物的眼睛、鼻子、嘴巴等部位的形状和特征，以便将其准确地描绘出来。这种对细节的关注和刻画，有助于培养儿童的部分知觉能力，使他们在感知事物时更加细致入微。

四、美术教育对学前儿童大小知觉能力的促进

（一）学前儿童大小知觉的发展

我国心理学工作者对学前儿童辨认物体大小的能力进行了研究，具体方法是让儿童比较常玩的纸鸟的大小，比较正方形和三角形的面积，比较一系列面积不等的正方形的大小，结果如下。

①3岁儿童一般已能辨别图形大小，在一组大小不同的图形中指出其大小，辨别大小的能力随着年龄的增长而提高。

②3岁儿童不能判断不相似图形，如正方形和三角形的大小，这在整个学前期都很困难。

③学前儿童判别大小的方法是按照目测→比较相应部分→借助中介物这样一个顺序发展的。

（二）美术教育促进学前儿童大小知觉能力发展的表现

学前美术教育对学前儿童大小知觉能力的发展具有积极的促进作用。大小知觉能力是儿童对物体空间尺寸的感知和判断能力，它对于儿童的认知发展、空间理解和日常生活技能的形成至关重要。

1. 学前美术教育通过绘画活动培养儿童对物体大小的感知能力

在绘画过程中，儿童需要观察并理解不同物体的大小关系，以便在画布上准确地呈现这些物体。例如，在画一幅风景画时，儿童需要比较

和判断树木、房屋、山脉等物体的大小，以确定它们在画面中的比例和位置。这种绘画实践有助于儿童形成对物体大小的直观感知，提升他们的大小知觉能力。

2. 学前美术教育通过手工制作活动锻炼儿童对物体大小的判断能力

手工制作活动要求儿童根据实际需要选择合适的材料和工具，并根据物体的尺寸进行剪裁、拼接等操作。在这个过程中，儿童需要不断比较和调整物体的大小，以确保最终作品的准确性和美观性。这种实践不仅锻炼了儿童的手眼协调能力，还提升了他们对物体大小的判断能力。

3. 学前美术教育通过欣赏和评价活动增强儿童对大小知觉的敏感性

在欣赏美术作品时，儿童可以观察到不同物体在画面中的大小关系和比例变化，从而增强对大小变化的感知。同时，在评价作品时，儿童可以学会从大小的角度去分析和评价作品，进一步加深对大小知觉的理解和运用。

综上所述，学前美术教育对学前儿童大小知觉能力的发展具有积极的促进作用。通过绘画、手工制作、欣赏和评价等多种美术活动，儿童可以不断提升对物体大小的感知和判断能力。教育实践者应充分利用学前美术教育的优势，为儿童提供丰富多彩的学习机会和资源，以促进他们大小知觉能力的全面发展。

五、美术教育对学前儿童形状知觉能力的促进

（一）儿童形状知觉的发展

我国心理学工作者在对学前儿童形状知觉的研究中发现以下几种现象。

①3～6岁儿童辨认图形的正确率随着年龄的增长而上升。

②刺激呈现速度对图形辨认有明显的影响，影响程度与年龄增长成

反比。

③图形的空间结构直接影响儿童图形辨认的正确率。

另外，我国还有研究者对学前儿童辨认物体平面形状能力的发展进行了多项综合研究，研究发现学前儿童在辨认物体形状时配对容易，指认次之，命名最难。研究还发现，学前儿童掌握8种形状由易到难的顺序为：圆形、正方形、三角形、长方形、半圆形、梯形、菱形和平行四边形。

（二）美术教育促进学前儿童形状知觉能力发展的表现

形状知觉能力是指儿童对物体外部轮廓和内部结构的感知和识别能力，是儿童认知发展的重要组成部分。学前美术教育通过一系列丰富多彩的艺术活动，为儿童提供了感知、理解和创造形状的机会，从而有效地促进了他们形状知觉能力的发展。

1. 学前美术教育通过绘画活动培养儿童对形状的感知能力

在绘画过程中，儿童需要仔细观察物体的形状，尝试用画笔将其准确地呈现在画布上。这个过程不仅锻炼了儿童的观察力，还让他们对形状有了更直观的认识。同时，绘画活动还可以引导儿童关注形状的细节和特征，如线条的粗细、曲直，颜色的深浅等，从而进一步提升他们对形状的感知能力。

2. 学前美术教育通过手工制作活动锻炼儿童对形状的运用能力

手工制作活动要求儿童根据物体的形状进行剪裁、拼接、塑造等操作，使儿童能够亲身实践形状的变换和组合。这种操作性的学习方式有助于儿童深入理解形状的概念，掌握形状的构成规律，并能够在实践中灵活运用。

3. 学前美术教育通过欣赏和评价活动提升儿童对形状的认知水平

在欣赏美术作品时，儿童可以接触到各种复杂的形状和图案，从而拓宽对形状的认知范围。同时，通过评价作品，儿童可以学会从形状的角度去分析和评价作品的美感和创意，这有助于提升他们对形状的认知深度和理解能力。

学前美术教育在促进儿童形状知觉能力发展时，应注重其层次性和深度。在教育实践中，教师可以根据儿童的年龄和认知特点，设计不同层次的美术活动。对于年龄较小的儿童，可以通过简单的绘画和手工制作活动，引导他们初步感知和理解形状；对于年龄稍大的儿童，则可以通过更复杂的创作和欣赏活动，提升他们对形状的运用和认知水平。

第二节　学前美术教育与学前儿童创造性思维的发展

美术教育不仅能够培养学前儿童的审美情感和艺术修养，更重要的是，它能够激发儿童的创造潜能，促进他们创造性思维的发展。深入研究和探讨美术教育对学前儿童创造性思维发展的作用，对于优化儿童教育方案、提升教育质量具有重要意义。

一、美术教育对学前儿童创造性思维的促进作用

（一）美术教育可以激发学前儿童的创造力

创造力作为人类文明的驱动力，是一种能够产生新思想、发现新事物并创造新价值的能力。对于学前儿童来说，创造力的培养不仅关乎其个人的全面发展，更是未来社会创新与进步的重要基石。美术教育作为一种独特的教育方式，对学前儿童的创造力发展具有深远的意义。它不仅为儿童提供了一个自由表达的空间，还通过多样的艺术形式和活动激发儿童的想象力和创造力，促进他们的全面发展。

首先，美术教育能够激发学前儿童的创造欲望。在美术课堂上，学前儿童可以接触到各种绘画材料、色彩和造型，这些丰富多彩的元素为学前儿童提供了无尽的想象空间。他们可以随心所欲地涂鸦、绘制，将自己的想象和感受通过绘画的形式表达出来。这种自由创作的过程，让儿童体验到了创造的乐趣，从而激发了他们的创造欲望。

其次，美术教育还能够提升学前儿童的创造力水平。通过参与美术活动，学前儿童可以学会观察、分析、归纳和表达，这些技能对于创造力的培养至关重要。此外，美术教育还可以帮助学前儿童提高审美能力，使他们能够更好地欣赏和理解艺术作品，从而进一步提升他们的创造力水平。

在美术教育的具体实践中，我们可以看到学前儿童创造力的具体表现。例如，在绘画活动中，学前儿童能够根据自己的想象创造出各种奇特的形象和场景；在手工艺制作中，他们能够利用不同的材料和工具创造出具有独特风格的作品；在欣赏艺术作品时，他们能够提出自己的见解和感受，展现出独特的审美眼光。美术教育对学前儿童创造力发展的意义不仅在于激发创造欲望和培养创造性思维，更在于为儿童提供一个展示自我、实现自我的平台。通过美术教育，我们可以帮助学前儿童打开创造力的大门，让他们在艺术的海洋中自由翱翔，创造出属于他们自己的精彩世界。

（二）美术教育能够拓展学前儿童的想象空间

美术作品的创作过程是一个充满想象和创造的过程。在美术教育中，教师可以通过引导儿童观察、感受生活中的各种事物，激发他们的想象力，让他们能够在脑海中构建出丰富多彩的画面。美术教育还可以通过丰富多彩的教学材料和手法，引导学前儿童观察生活，发现美的元素。例如，在指画、棉签画等活动中，学前儿童学习到不同的颜色和形状组合，这些基础元素在他们的大脑中形成无数的可能，进而在创作中呈现出独特的构图和故事。又如，美术教育鼓励学前儿童进行主题创作，如描绘一个梦想中的花园或设计一个未来的城市。这样的活动要求学前儿童运用想象力，结合个人经验和知识，创造出全新的事物。这不仅锻炼了他们的创造性思维，也增强了解决问题的能力。

此外，美术教育还通过故事绘画等形式，帮助学前儿童理解抽象概念。首先，美术教育能够将抽象概念转化为学前儿童可以通过五官感受到的具体体验。例如，在教授“触觉”这一抽象概念时，教师可以引导学前儿童通过触摸不同的物体来体验和认识“触觉”，然后通过绘画将这些感受表达出来。这种方法被称为“通感”，它让学前儿童能够用视觉艺术的形式来表达其他感官的体验，从而更深入地理解和感受抽象概念。其次，美术活动本身就是一种抽象思维的训练过程。在这个过程中，学前儿童学习如何将观察到的事物特性概括成概念，并通过造型、构图、色彩等元素在画布上表现出来。这种从具体形象到抽象概念的转换，是学前儿童认知发展的重要一步。

在实际操作中，教师应当注意引导而非限制。避免过分强调技巧和规则，以免束缚学前儿童的创意。相反地，应当鼓励学前儿童大胆尝试，即使是“错误”的尝试，也是学习和成长的宝贵经历。

（三）美术教育培养学前儿童的创意思维能力

创意思维是创造性思维的重要组成部分，它强调的是在解决问题时能够产生新颖、有价值的想法。创意思维是现代社会对人才素质的基本要求。美术教育通过其独特的教育方式和丰富的教学内容，对学前儿童的创意思维能力产生深远的影响①。

1. 有助于学前儿童打破思维定式，培养创新思维

在美术活动中，学前儿童被鼓励发挥想象力，不拘泥于固定的形式和规则，尝试用不同的材料、颜色和手法来表达自己的想法。这种自由的创作环境让学前儿童能够跳出思维的框架，挑战传统观念，从而培养

---

① 孟颖，王茜，赵元猛．在美术教育中培养幼儿的创造力［J］．新智慧，2022（16）：106-108.

出独特的创新思维。在绘画活动中，教师可以引导儿童从不同角度观察同一物体，或者尝试用不同的绘画技法来表现同一场景，从而激发儿童的创新思维。例如，在以“自然”为主题的美术活动中，教师带领儿童到户外观察大自然的美景。儿童被五彩斑斓的花朵、形态各异的树叶和欢快的小鸟吸引，纷纷用画笔记录下自己的所见所感。有的儿童画出了一朵盛开的花朵，花瓣层层叠叠，色彩鲜艳；有的儿童则画出了一只飞翔的小鸟，翅膀张开，姿态优美。这些作品都体现了儿童对自然的独特理解和创意表达，也展示了他们在观察生活中的创意思维能力。

2. 有助于学前儿童形成多元化的思维方式，提高创意思维的广度

在美术活动中，学前儿童需要运用不同的艺术形式和表现手法来表达自己的想法和感受。这种多元化的创作方式让学前儿童能够接触到更多的信息和元素，从而拓宽他们的思维视野。同时，美术教育也强调对艺术作品的欣赏和解读，这有助于学前儿童学会从多个角度思考问题，形成多元化的思维方式。这种思维方式能够帮助学前儿童在面对复杂问题时，从不同的角度寻找解决方案，提高创意思维的广度。

二、培养学前儿童创造性思维的对策

（一）营造良好的美术教育氛围，唤醒创造性思维

儿童还不具备抽象思维的能力，对于事物的认知更多依靠感官的刺激，通过模仿来学习。儿童的模仿能力和好奇心都非常强，想象力也非常丰富，因此在儿童美术教育中，教师需要结合儿童的年龄特点、认知特征以及儿童感兴趣的内容，为儿童创设一种有利于激发儿童模仿、想象力和好奇心的外部环境，精心营造一种良好的美术教育氛围，让儿童身临其境，充分利用儿童的好奇心、想象力等来唤醒儿童的创造性思维。例如，教师可以通过各种形式的、动态的主题墙的创设，为儿童创造一个可以通过自己动手、动脑来表现的自由空间，让儿童可以自由发

挥，参与班级主题墙的设计与布置。儿童在亲自动手的过程中，既锻炼了绘画、手工的技能，也很好地发挥了创造力，从而可以最大限度地唤醒儿童的创造性思维。

（二）体验生活，丰富创造性思维

生活和大自然是最生动的教材，因此应当让儿童去大自然中学习，获取直观的体验和感受，激发儿童的思维和活力，启发儿童的想象力和创造力。在教学中，教师应当尽可能地让儿童多看、多听、多练，让儿童直接接触社会，感受万千世界，并将自己的感受画下来。例如，要求创作《菜市场》，教师可以带领儿童参观菜市场的布局，观察人的神态，切身感受菜市场喧闹繁华的景象。然后，让儿童通过绘画发挥自己的创造力，表达自己对菜市场的感受。画完之后让儿童介绍自己的作品。带领儿童体验生活，不仅可以激发他们的创作灵感，而且可以提高他们的绘画兴趣，促进他们观察力的提高，逐步培养他们的创造性思维。

（三）引领欣赏，拓展创造性思维

在美术教育中培养儿童的创造性思维，可以选用各种各样的题材，如诗歌、散文、动画片、歌曲等，鼓励他们大胆创作、大胆绘画。例如，教师可以组织学生对动画片《熊出没》中的熊大、熊二进行绘画。在绘画之前可以让儿童讲一讲《熊出没》中的故事，以激发儿童的学习兴趣，活跃课堂氛围。在儿童讲完故事之后，教师可以引导儿童发挥自己的想象力，画出不同表情的熊大、熊二以及光头强，并且进行故事创作。

教师在欣赏完儿童的作品后，要进行评价，这是沟通教师和儿童的重要桥梁。教师在评价时，不能从专业角度进行，而应该通过绘画了解学生所要表达的情感和见解。在儿童介绍自己的作品时，教师要认真聆听，重点关注其独创性，维护儿童的创造性思维。当儿童有进步时，给予鼓励和表扬，让他们体会到成功的乐趣，增强学习的自信心，从而调动他们创新的积极性，拓展创造性思维。

第三节　学前美术教育与学前儿童智力的发展

智力的发展与形成除受遗传因素影响外，还要靠教育来实现。在学校教育中，以培养观察力、记忆力、思维力、想象力和创造力为目的的美术教育有利于开发受教育者的智力[①]。美术教育对学前儿童智力发展的促进主要体现在以下几个方面。

一、思维能力

在儿童的美术学习中，直觉思维是发现学习的前奏，理性思维的导入又是儿童创造力产生的必要条件，两者缺一不可。这其中包括儿童在美术活动中心理上的需求和内驱力、好奇与习惯（习惯反应）、态度与兴趣、个人的意志与价值观以及外来刺激与诱因。这些都是形成创造力的最基本因素。直觉思维是创造性思维的一种基本形式，创造性思维常常是以直觉思维的形式表现出来的，美术活动是儿童直觉发展的最有效途径。各种类型的美术课程都以不同的方式促使儿童的直觉思维得到最大限度的发展，这些活动是儿童创造力敏感表现的最佳时机。

在儿童的思维发展中，形象思维占据了主要的地位。虽然形象思维是一种较初级的思维形式，但是它又在创造性思维中占据着重要位置。儿童的美术活动及美术学习对他们的形象思维发展有着其他学科教育所不能比拟的优势。儿童通过视知觉的感受、形象的陶冶，不仅发展了自身的表象系统，提高了对物象形态的敏感性，而且为自身创造性思维的发展及创造力的增长不断积累所需要的元素。

---

① 殷雪．浅谈学前美术教育对幼儿的影响［J］．当代家庭教育，2023（16）：74–77.

儿童不断发展着的理性思维在其创造性思维发展中的作用一般不太引人关注，这是因为大家都将理性思维看成创造力发展的障碍，实际上这种观点并不是很全面。由于儿童心理发展上的不平衡，儿童在美术活动中的创造行为大多是一种即兴式的、受情绪支配较强的心理活动，因此，他们的作品和结果也就大多带有一种不可预见性。这使儿童处于某种心理失控状态，从教育的角度讲这又是不理想的心理发展结果。所以，在美术教育中适当地导入理性思维因素，使儿童能够主动对自己的心理活动和创造行为进行某种控制，达到一种平衡感，对儿童的创造力发展有利。

发散性思维或趋异性思维训练都是儿童美术活动中高度重视的训练方法。发散性思维是创造力培养的主要训练科目，通过发散性思维提高思维的变通性，使儿童的思维尽可能趋异。比如，美术教学中教师采取只动口不动手的启发、引导式的教学方法，就是让儿童尽可能地在一个教学目标下，产生不同的表现方法和作业结果，这可使儿童形成较强的个性化风格。这是以趋异性思维为基础，让儿童的思维和行为在自己的独立运作中完成。美术（艺术）活动是最具个性色彩的创意劳动，让每一个儿童都能在美术文化的润泽下，充分发挥自己的个性和创造力，为其身心的全面成长奠定可持续发展的基础，而趋异性思维训练就是最为有效的训练方法。

想象力是一种能动的思维能力，美术活动是儿童想象力发展的一个最基本的训练手段。想象力要凭借着形象思维和理性的抽象思维，对儿童头脑中已有的各种记忆信息和素材进行加工，并重新排列组合，创造出一种儿童未曾感知过的或是从未存在过的形象。想象力是创造所必需的一种思维能力，美术活动中以感知觉为基础的训练为儿童想象力的发展提供了丰富的形象储备。

二、记忆能力

人是通过知觉（特别是视知觉）从外界获得信息，再在记忆中储存的。记忆的积累使大脑的信息知识量不断增加，为后来的学习及运用提供了信息源。学前儿童在绘画学习过程中，心理活动和心理现象是其视知觉经过观察、感知、情感、认知及个性表达的综合反映，这一切都离不开记忆的参与。记忆将学前儿童绘画心理活动的过去、现在连接成一个整体，通过一系列的活动，学前儿童的心理得到发展、知识积累得以巩固、个性特点得以展示。

（一）感觉记忆与复述

当外部的刺激直接作用于视觉，产生感觉形象后，虽然刺激作用已停止，但感觉的形象仍可以维持短暂的片刻，这是视知觉的感觉滞留。人的视觉、感觉滞留表明对感觉信息的瞬间储存，这种感觉记忆也可称为瞬间记忆，视觉的感觉记忆可称作图像记忆。教师在教学中应有意识地对学前儿童实施不同的图像记忆训练，如在写生课较细致地观察与表现之后，可让学前儿童进行默写式的复述练习。在去写生途中，有目的地让儿童观察沿路的树木，注意当时的色彩感受，并有意识地记忆。这一训练就是对当时瞬间感觉的图像记忆进行主动、有意识地储存。视知觉感受记忆的作用时间虽然较短暂，但它为进一步的信息加工，如景区色彩与形态的特征提取，信息的整合、识别等，都提供了成功的可能，揭示了视觉感觉记忆的时间特性。

（二）记忆信息三级加工模型的应用

美术的学习主要是视知觉综合能力的反映。当感觉记忆提出并得到确认之后，短时记忆和长时记忆将此吸收进来，由此，一个较完整的记忆系统即记忆信息的三级加工模型开始形成。将这一模型用于儿童美术教学，对教学方法和教学效果将带来大的飞跃。

儿童在美术学习中，其视觉的感觉记忆将得到较大的拓展空间，大量的、丰富的图像信息会时时在其眼前出现，但是，仍会有不少的图像信息很快消失。训练儿童由一种“视而不见”的惰性“习惯”，向一种对事物有意观察、主动记忆的方式过渡，采取的方法可以是由教师提出对某一事物的观察体验，让儿童去主动观察，并主动记忆，一段时间之后用语言复述自己的观察。当一个儿童复述时，其他儿童可以补充其所遗忘的部分，以此增强全班儿童的共同感知与记忆。在语言复述后，让儿童根据自己对此事物的主观印象和认知去创作。这个过程就是对儿童的感觉记忆（瞬时记忆）向短时记忆，再转化为长时记忆的一种较系统的训练。由于感觉信息转入长时记忆需要一定的时间，儿童视觉传来的信息在尚未进入长时记忆之前，可在短时储存中暂时保持。因而，在一段时间内让儿童用语言复述所记忆的图像，再根据自己的理解画下来时，儿童在以后的几年之中都可能不会将此次记忆遗忘。

长时储存是一个庞大的信息库，以视觉编码形式进行长时储存的信息相对来说是较长久的。但是，它们也可因消退、干扰或强度的降低而影响提取（复述）。图像信息从一个储存转到另一个储存，多半是受到人的意念控制的，而且与绘画的表现训练程度关系密切。儿童对视觉记忆中短暂储存的信息进行扫描，所得到的信息经过识别后进行长期储存。在学前美术教育中，对儿童记忆信息进行有意识的控制训练之后，儿童对事物的知觉能力和记忆能力将会有不同程度的提高。

三、注意能力

在学前教育阶段，注意能力的培养是儿童认知发展的重要一环。美术教育作为一种富有创造性和趣味性的教育方式，对于学前儿童注意能力的培养具有显著的意义。通过美术教育，儿童不仅能够提升对细节的关注度，还能在创作过程中锻炼持久性和抗干扰能力，从而全面增强注意能力[①]。

（一）美术教育有助于学前儿童提升对细节的关注度

在绘画、手工等美术活动中，学前儿童需要仔细观察事物的形态、

① 袁翠婷．针对美术活动对提高自闭症儿童注意力作用的观察与研究［J］．中华少年，2017（19）：2-3.

色彩和纹理等细节，以便准确地表现在作品中。这种观察过程要求学前儿童保持高度的注意力，将注意力集中在细节上，从而逐渐培养对细节的敏感度和关注度。通过不断练习和实践，学前儿童能够逐渐提高自己的观察能力，并将这种能力应用到其他领域的学习中。例如，在以“春天的花朵”为主题的绘画活动中，教师引导学前儿童仔细观察不同花朵的形态、颜色和纹理。儿童在绘画过程中，需要仔细描绘花瓣的层叠、花蕊的细节，甚至花朵上的露珠和光影。这种对细节的关注不仅可以锻炼学前儿童的观察能力，也可以让他们更加深入地体验春天的美好。通过这种观察与创作的结合，学前儿童逐渐学会了在日常生活和学习中关注事物的细微之处，从而提高了注意力水平。

（二）美术教育能够锻炼学前儿童的注意力持久性

在美术创作中，学前儿童往往需要花费较长的时间来完成一幅作品。这个过程要求学前儿童保持持久的注意力，不断调整和完善自己的作品。例如，在制作纸质花朵的美术手工活动中，学前儿童需要花费较长的时间来完成作品。从准备材料到折纸、粘贴、装饰，每一个步骤都需要他们耐心细致地完成。在这个过程中，学前儿童不断调整和完善自己的作品，直到达到满意的效果。这种长时间的创作过程锻炼了学前儿童的耐心和专注力，让他们在面对复杂任务时能够保持持久的注意力。这种持久性的培养对于学前儿童未来的学习和生活都具有重要意义，能够帮助他们更好地应对各种挑战和困难。

（三）美术教育能够提高学前儿童的抗干扰能力

美术教育在提高学前儿童的抗干扰能力方面扮演着重要的角色。抗干扰能力是指个体在受到外部干扰时，能够保持注意力集中、情绪稳定，并持续完成任务的能力。以下是美术教育帮助学前儿童提高抗干扰能力的一些关键方面。

1. 专注力培养

在绘画或创作过程中，学前儿童需要长时间专注于自己的作品。这种持续的专注力训练有助于他们在其他活动中也能更好地集中注意力，从而提高抗干扰能力。

2. 耐心与毅力

完成一幅画作通常需要花费一定的时间和精力。学前儿童在绘画过程中可能会遇到各种挑战，如颜色选择、线条控制等。通过克服这些困难，儿童能够培养出耐心和毅力，这种心态在面对干扰时尤为重要。

3. 情感调节

美术教育为学前儿童提供了一个情感表达的平台。当儿童感到烦躁或不安时，绘画可以作为一个情感调节的工具，帮助他们平静下来，更好地应对外部干扰。

四、语言能力

学前阶段是儿童语言发展的关键时期，这一时期的儿童语言习得速度快，语言运用能力逐步增强。美术教育作为学前教育的重要组成部分，其对于儿童语言的促进作用不容忽视。美术教育不仅能够激发儿童的创造力与想象力，还能够通过绘画、手工制作等艺术活动，为儿童提供一个丰富多彩的语言环境，促进其语言能力的发展。

（一）美术教育对学前儿童语言能力发展的促进

1. 通过观察与描述培养儿童的语言表达能力

在美术教育中，教师常常引导儿童观察绘画对象或艺术作品，鼓励他们用语言描述所看到的事物。这一过程不仅锻炼了儿童的观察能力，还培养了他们的语言表达能力。儿童在描述过程中需要运用所学的词汇、句型，甚至需要创造新的表达方式，从而提升了其语言的准确性和丰富性。例如，在欣赏名画的活动中，教师展示凡·高的《星空》，儿童被画中璀璨的星空和夸张的笔触所吸引，纷纷表达自己的感受。有的儿童说：“我觉得这幅画里的星星好像在跳舞，非常有趣。”有的儿童则说：“我喜欢这幅画的颜色，它们看起来很梦幻。”这些表达都体现了儿童对艺术作品的独特感受和理解，也锻炼了他们的语言表达能力。

2. 通过手工制作提升语言表达的逻辑性和条理性

在美术教育中，儿童往往需要按照一定的步骤和顺序进行创作，如观察对象、构思画面、选择颜色、调整构图等。这个过程需要儿童运用逻辑思维和条理性思维，对复杂的信息进行整理和组织，最终用语言表达出来。因此，美术教育有助于提升儿童语言的逻辑性和条理性。例如，在手工制作活动中，教师要求儿童用废旧材料制作一个小动物，儿童需要先构思自己要制作的小动物形象，然后选择合适的材料，按照步骤进行制作。在制作过程中，儿童需要运用逻辑思维和条理性思维，将复杂的制作过程分解为简单的步骤，并用语言描述出来。例如，一个儿童说："我先找了一个纸盒做小动物的身体，然后用纸做了它的头和尾巴，最后用彩笔给它画上了眼睛和鼻子。"通过这个过程，儿童不仅可以锻炼手工制作能力，还可以提升语言表达的逻辑性和条理性。

3. 通过合作与交流增强儿童的语言交际能力

美术活动中的合作与交流是提升儿童语言交际能力的重要方式。在绘画、手工制作等活动中，儿童往往需要与他人合作完成任务，这就需要他们进行有效的沟通和交流。儿童在合作中需要表达自己的观点、倾听他人的意见、协调彼此的行动，这些过程都锻炼了他们的语言交际能力。例如，在以"我们的城市"为主题的集体创作中，儿童分组合作，共同构建自己心中的城市。有的小组用积木搭建高楼大厦，有的小组用彩纸制作绿树红花，还有的小组用画笔描绘出繁忙的街道和车辆。在合作过程中，儿童相互讨论、相互启发，共同完成了一幅幅充满创意的作品。这些作品不仅展示了儿童的集体创意思维能力，也让他们在合作中锻炼了语言交际能力。

4. 通过欣赏与评价培养儿童的语言批判性思维

美术教育中的作品欣赏与评价环节，有助于培养儿童的语言批判性思维。教师可以引导儿童欣赏优秀的艺术作品，鼓励他们用语言评价作品的风格、特点、价值等。通过这一过程，儿童不仅能够提升自己的语言能力，还能够培养批判性思维和审美能力。例如，在美术创作分享会上，儿童展示自己创作的画作，并互相评价。教师鼓励他们用批判性的眼光看待他人的作品，既要看到优点，也要指出不足之处，并提出改进建议。儿童认真观看每一幅作品，并给出自己的评价。有的儿童说："我觉得这幅画的颜色搭配得很好，但是还可以增加一些细节。"有的儿童则说："我喜欢这幅画的构思，它很有创意，但是线条画得更流畅一些就更好了。"在评价过程中，儿童不仅学会了欣赏他人的创作，还学会了用语言有理有据地提出自己的建议和看法。

（二）美术教育促进学前儿童语言发展的对策

美术教育培养学前儿童的语言能力可以从以下几个角度进行。

第一，借助美术作品引导儿童进行语言描述。教师可以选取一些具有代表性和启发性的美术作品，引导儿童观察并描述作品中的形象、色彩和构图等元素。通过提问和讨论的方式，激发儿童的语言表达兴趣，鼓励他们用自己的语言来描述和解释作品。

第二，利用美术活动促进儿童之间的语言交流。教师可以组织一些小组合作的美术活动，让儿童在共同创作的过程中进行语言交流。例如，在绘画活动中，教师可以让儿童分组合作完成一幅作品，并鼓励他们讨论和分享自己的创作想法和过程。

第三，结合美术教育开展语言游戏和活动。教师可以设计一些与美术相关的语言游戏和活动，如"绘画接龙""猜画谜"等，让儿童在游戏中学习和运用语言。

五、学习兴趣与自主学习能力

学习兴趣和自主学习能力是学前儿童未来学习和发展的关键因素，美术教育能够有效地培养儿童在这些方面的能力。

首先，美术教育中丰富多彩的活动形式和内容能够激发儿童的学习兴趣。绘画、手工制作、欣赏评价等不同类型的美术活动能够满足儿童的好奇心和探索欲望，让他们在轻松愉快的氛围中学习和成长。同时，通过引入不同的艺术风格和表现形式，美术教育可以拓宽儿童的视野，激发他们对不同领域知识的兴趣和探索欲望。

其次，美术教育中的创作活动有助于培养儿童的自主学习能力。在创作过程中，儿童需要独立思考、自主探索，通过不断尝试和调整来完善自己的作品。这种自主学习的过程有助于培养儿童的独立思考能力和解决问题的能力，为他们未来的学习和发展奠定坚实的基础。

综上所述，美术教育对学前儿童智力发展的促进体现在多个方面。因此，我们应该充分重视美术教育在学前儿童教育中的地位和作用，通过丰富多彩的美术教育活动来促进儿童智力的全面发展。同时，教师也应不断提升自己的专业素养和教育理念，为儿童创造一个更加优质、高效的学习环境。

第四章　学前儿童美术教育的实施策略

美术作为儿童全面发展的重要组成部分，其教育实施策略的选择与运用直接关系到儿童美术学习的兴趣、创造力的培养以及审美情感的发展。因此，制定并实施科学、合理的美术教育策略尤为重要。本章将从创设开放性的教学空间、营造趣味性的教育环境、引入多元性的教学方法、整合信息技术与美术教学以及开发与利用人文美术资源五个方面，探讨学前儿童美术教育的实施策略。

第一节　创设开放性的教学空间

在学前儿童教育领域，美术教育作为培养儿童创造力和审美能力的重要途径，越来越受到家长和教育者的重视。而在美术教育中，教学空间的创设对于儿童的学习体验和效果具有深远的影响。开放性教学空间作为一种新型的教学环境，不仅为儿童提供了自由发挥、探索创新的平台，更是培养他们创造力、想象力和审美情感的重要场所。

一、学前儿童美术教育开放性教学空间的内涵和特点

学前儿童美术教育开放性教学空间，是指为学前儿童美术教育活动

提供的一种灵活、多元、互动的教学环境。这种空间不仅包含了物理意义上的空间布局和设施配置，更涵盖了教学理念、教学方法、教学资源以及师生关系等多个层面。在开放性教学空间中，学前儿童能够自由探索、尝试、表达和合作，从而提高他们的创造力、想象力和审美能力①。

（一）学前儿童美术教育开放性教学空间的内涵

从物理空间的角度来看，学前儿童美术教育开放性教学空间应具备足够的活动区域和创作空间，以满足儿童在美术活动中的自由移动和创作需求。同时，空间的布局和设施配置应便于儿童进行各种美术活动，如绘画、手工制作、雕塑等。此外，开放性教学空间还应注重色彩搭配和光线照明，营造出温馨、舒适、富有艺术氛围的学习环境。从教学理念和方法的角度来看，开放性教学空间强调以儿童为中心，尊重儿童的个体差异和兴趣需求。教师不再是知识的灌输者，而是成为儿童学习美术的引导者和支持者。在教学过程中，教师注重激发儿童的主动性、积极性和创造性，鼓励他们大胆尝试、勇于表达，培养他们的独立思考和解决问题的能力。从教学资源和师生关系的角度来看，开放性教学空间提倡资源共享和互动合作。教学资源不仅包括传统的绘画材料、工具、图书等，还包括数字媒体、网络资源等现代科技手段。这些资源为儿童提供了更为丰富和多元的学习体验。同时，师生关系也呈现出平等、民主、和谐的特点，教师与儿童之间建立起一种相互尊重、相互学习的伙伴关系。

（二）学前儿童美术教育开放性教学空间的特点

学前儿童美术教育开放性教学空间的特点主要体现在以下几个方面。

1. 灵活性与多元性

开放性教学空间的最大特点就是灵活性和多元性。这种空间可以根

---

① 马丽丽．为小学美术创设开放性的教学空间的意义［J］．魅力中国，2021（10）：255.

据不同的教学内容和活动需求进行灵活调整，以适应学前儿童多样化的学习需求[①]。同时，教学空间也呈现出多元性的特点，既有传统的绘画区、手工区，也有现代的数字媒体区、互动体验区等，为儿童提供了多种选择和学习路径。

2. 互动性与合作性

在开放性教学空间中，互动与合作是贯穿始终的主题。儿童与教师、儿童与儿童之间建立起一种积极的互动关系，通过相互学习、相互启发，共同推动美术活动的深入进行。同时，合作性也是开放性教学空间的重要特点之一，儿童在合作中学会分享、学会倾听、学会协商，从而培养他们的团队合作精神和社交能力。

3. 创造性与探索性

开放性教学空间鼓励儿童发挥想象力和创造力，进行自由的探索和尝试。在这种空间中，儿童可以不受限制地表达自己的情感和想法，通过美术创作来展现自己的内心世界。同时，教师也应注重引导儿童进行探索性的学习，让他们通过亲身实践来发现问题、解决问题，从而培养他们的创新精神和实践能力。

4. 开放性与包容性

开放性教学空间的另一个显著特点是其开放性和包容性。这种空间不仅向儿童开放，也向家长、社区等外部资源开放，形成一种开放的教育生态系统。同时，开放性教学空间也表现出对多元文化的包容性，鼓励儿童接触和了解不同的文化元素和艺术风格，拓宽他们的艺术视野和文化视野。

5. 安全性与舒适性

在创设开放性教学空间时，安全性和舒适性也是不可忽视的因素。学前儿童正处于身心发展的关键时期，他们的安全和健康是教育者最为关注的问题。因此，开放性教学空间中的各种设施和材料具有较高的安

① 费岭峰. 开放性教学的内涵［J］. 小学教学研究，2001（11）：30.

全性，以避免发生意外伤害。同时，还注重空间的舒适性和温馨感，为儿童营造一个良好的学习环境。

二、学前儿童美术教育开放性教学空间创设应遵循的原则

在创设学前儿童美术教育开放性教学空间时，必须坚持一系列原则，以确保空间的设计真正符合儿童的身心发展特点，满足他们的学习需求，并有效促进他们的全面发展。

（一）以儿童为中心的原则

以儿童为中心的原则是开放性教学空间创设的基石，这意味着开放性教学空间的创设需要深入了解儿童的身心发展特点，包括他们的认知、情感、社会交往等方面的发展规律。同时，还需要关注儿童的兴趣和需求，确保教学空间的设计能够激发他们的学习热情和主动性。例如，在空间布局上，可以采用儿童喜爱的色彩和元素，营造出轻松愉快的氛围；在设施配置上，可以提供适合儿童身高和操作习惯的绘画工具、材料等，以方便他们自由探索和创作。

（二）注重个体差异的原则

每个儿童都是独一无二的个体，他们有着不同的学习风格、兴趣爱好和发展速度。因此，在创设开放性教学空间时，需要提供多样化的学习资源和活动方式，以满足不同儿童的学习需求。这包括提供多种类型的绘画材料、引入不同的艺术形式、设置不同难度等级的创作任务等。这样的设计可以让每个儿童都能在适合自己的学习环境中获得乐趣和成就感。

（三）强调实践与体验的原则

美术是一门实践性很强的学科，儿童需要通过亲身参与和实际操作来感受美术的魅力。因此，在创设开放性教学空间时，应为儿童提供足够的实践机会和体验活动。例如，可以设置专门的绘画区、手工区等，

让儿童能够自由地进行绘画、雕塑、手工制作等活动。

（四）促进交流与合作的原则

在美术学习中，儿童之间的交流与合作不仅能够提升他们的学习效果，还能够培养他们的团队合作精神和沟通能力。因此，在创设开放性教学空间时，应注重设置一些能够促进儿童互动与合作的区域和设施，如小组讨论区、合作创作区等。通过这些区域和设施的设置，鼓励儿童之间进行积极的互动和交流，共同分享创作经验和感受，从而促进他们的全面发展。

（五）动态调整与持续优化原则

这一原则确保了开放性教学空间的活力和适应性。随着教学实践的发展，儿童的学习需求和兴趣可能会发生变化，新的教学理念和技术手段也可能不断涌现。因此，教师需要密切关注儿童的学习情况和反馈意见，及时调整教学空间的布局和设施配置。同时，教师还要关注最新的教育理念和技术发展，对教学空间进行升级和改造，以确保其始终保持与时俱进的状态。

综上所述，学前儿童美术教育开放性教学空间的创设是一项复杂而重要的任务，需要遵循以儿童为中心、注重个体差异、强调实践与体验、促进交流与合作以及动态调整与持续优化等原则，确保空间的设计真正符合儿童的身心发展特点和学习需求，为他们的全面发展提供有力的支持。

三、学前儿童美术教育创设开放性教学空间的具体措施

（一）优化空间布局，营造开放氛围

首先，开放性教学空间的创设需要从空间布局入手。教学空间应打破传统的封闭格局，采用开放式或半开放式的布局方式，使空间流动自如，便于儿童自由进出和互动。同时，空间布局应充分考虑儿童的身高

和视线，确保他们能够舒适地观察和参与教学活动。此外，可以设置多个功能区域，如绘画区、手工区、展示区等，以满足不同美术活动的需求，并促进儿童之间的交流与合作。

（二）提供丰富多样的美术材料与工具

美术材料与工具是儿童进行美术创作的基础。在开放性教学空间中，应提供丰富多彩的美术材料与工具，以满足儿童不同的创作需求和兴趣。这些材料与工具不仅包括不同种类的画笔、颜料、纸张、黏土等，还可以引入一些新颖有趣的创作媒介，如数字绘画工具、3D打印模型等。通过提供多样化的创作材料，激发儿童的创作灵感和想象力，培养他们的创新精神和实践能力。

（三）创设互动与合作的学习环境

开放性教学空间强调儿童之间的互动与合作。因此，在创设过程中，应注重设置一些促进互动与合作的学习环境和设施。例如，设置小组讨论区，让儿童在小组内共同讨论创作主题和思路；设置合作创作区，让儿童共同完成一些大型的美术项目。

（四）引入多媒体技术与网络资源

随着科技的不断发展，多媒体技术和网络资源在学前儿童美术教育中发挥着越来越重要的作用。在开放性教学空间的创设中，可以积极引入这些现代技术手段，为儿童提供更加丰富和多元的学习体验。例如，可以利用投影仪或大屏幕播放优秀的儿童美术作品或教学视频，让儿童在欣赏中汲取灵感；也可以利用网络平台分享儿童的作品和学习成果，让他们的创作得到更广泛的认可和关注。

（五）注重空间的安全性与舒适性

首先，要确保所有设施和材料符合安全标准，避免尖锐边角和易碎物品的出现。同时，要定期对空间进行清洁和消毒，确保儿童在健康的环境中学习。此外，还应关注空间的采光和通风情况，确保儿童在舒适的环境中进行美术创作。

（六）灵活调整与持续优化空间布局

开放性教学空间的创设并非一劳永逸的过程，而是需要根据教学实践和儿童的发展需求进行不断调整和优化。例如，可以根据不同季节或节日更换空间装饰风格，营造不同的学习氛围；可以根据新的教学理念和技术手段引入新的设施和材料，提升空间的实用性和教育性。

综上所述，需要从多个维度入手，努力打造出一个既美观又实用的开放性教学空间，为学前儿童美术教育提供有力的支持。同时，还应意识到开放性教学空间的创设是一个持续发展的过程，需要教育工作者不断探索和实践，以适应儿童发展的需求和社会的变化。

第二节　营造趣味性的教育环境

美术是一种深受学前儿童喜爱的艺术活动，对儿童的全面发展起着重要作用。学前儿童美术活动就是让儿童通过不同的美术形式来表达思想与情感，与他人分享自己的创作成果，并在分享的快乐中获得自信，认识和体验美术创作带来的幸福与乐趣。而美术教育环境就是一个让儿童表达情感、放飞心灵的自由空间，通过美术创作让儿童了解更多的美术形式，通过体验让儿童热爱美术这种独特的艺术活动，通过活动操作与作品展示让儿童感受分享的快乐。

《纲要》中明确指出，艺术是实施美育的主要途径，应充分发挥艺术的情感教育功能，促进幼儿健全人格的形成；环境是重要的教育资源，应通过环境的创设和利用，有效地促进幼儿的发展。可见，环境是学前儿童美术教育的有机组成部分和重要资源。

一、学前儿童美术趣味性教育环境的意义

美术教育环境是学前儿童美术教育的一个组成部分，是学前儿童美术教育中不可或缺的元素。在学前儿童美术教育过程中，一个丰富而有美感的环境能给儿童以启发，并激发儿童的想象力和创造欲望。学前儿童美术教育的目的不仅在于培养儿童的美术知识和技能，更在于使儿童加深审美体验、善于表达审美情感，而这些都离不开相应的环境支持。而今的环境创设也不再仅仅是单纯的静态环境的创设，而要结合有效的材料投放，激发儿童美术创作的主动性，让儿童与环境产生互动，使静态的环境动起来，向多层次的互动环境发展[①]。

在学前儿童的教育过程中，创造一个富有趣味性的美术教育环境不仅是为了激发儿童学习的兴趣，更是对教育本身的一种深刻理解和创新。趣味性教育环境能够使教育过程变得更加生动和有效，从而为儿童提供更加全面和丰富的学习体验。学前儿童美术趣味性教育环境有以下意义。

（一）重新定义教育的本质

教育不仅是知识的传授，更是能力的培养和个性的发展。趣味性美术教育环境重新定义了教育的本质，强调了创造、探索和自我表达的重要性。在这样的环境中，教育不再是单向的教师讲授，而是变成了儿童主动参与和体验的过程。这种以儿童为中心的教育模式，更加注重儿童的主体性和创造性，使教育回归到关注儿童个体发展的本质。

（二）改革传统的教学模式

传统的教学模式以教师为中心，儿童在这种模式下往往是被动接受者。而趣味性美术教育环境的建立，打破了这一传统模式，通过游戏和探索活动，鼓励儿童主动学习和思考。这种教学改革不仅使课堂活跃起来，还促进了儿童之间的互动和合作，使学习变得更加社会化和情

① 洪小华．翻转课堂趣味学习——核心素养视域下小学美术课堂趣味性教学［J］．天津教育，2023（24）：128-130.

境化。

（三）促进教学方法的创新

为了适应趣味性美术教育环境，教师需要不断创新教学方法，采用更加灵活和多样化的教学策略。这包括利用多媒体技术、实物操作、户外写生等方式，让儿童在多种感官体验中学习美术。教师的角色也从知识的传递者转变为引导者和协助者，他们需要不断观察和了解每个儿童的兴趣和需求，提供个性化的教学支持。

（四）提升教育内容的丰富性

趣味性美术教育环境提供了丰富的教育内容，这些内容不仅包括传统的绘画、雕塑和手工制作，还包括数字艺术、环境艺术和多元文化艺术等新兴领域。这些内容的引入，不仅拓宽了儿童的艺术视野，还有助于他们培养跨文化的理解力。教育内容的丰富性是激发儿童好奇心和探索欲望的重要保障。

二、营造趣味性美术教育环境的原则

学前儿童美术教育环境创设对培养儿童美术创作的兴趣具有至关重要的作用。学前儿童美术教育趣味性环境营造的形式、方法多种多样，但都必须符合儿童的身心发展规律，多方位、多元化地为儿童提供感知美、体验美、创造美的环境。所以，在环境营造的过程中需要坚持以下几个原则。

（一）适龄性

学前儿童美术教育趣味性环境的创设，应充分体现儿童的年龄特点，要一眼就能看出是一个真正属于儿童的世界。同时，不同年龄阶段儿童的身体、心理发展有一定的差异，主要反映在理解能力、欣赏水平、接受能力和动手制作能力等方面。因此，学前儿童美术教育趣味性环境的创设在把握“儿童性”的大前提下，也应该照顾到这些不同年龄和不同能力的个体的差异[①]。

班级内美术区角的设置要考虑儿童年龄差异带来的生理和心理差异。例如，小班的美术区角应适当地放置一些具有家庭氛围感的设施，色彩上宜单纯、自然、鲜艳，营造一种温馨而又活泼的氛围，也可以多布置一些充满童趣的玩偶，使环境富有童话色彩；美术作品的布置与展示宜选择造型简洁、抽象的作品，着重强调儿童性；材料的投放应注意使用简单易操作的美术工具材料。随着儿童年龄的增长，区域角的布置宜接近儿童现实生活，逐步加强知识性，设置一些生活主题内容，同时增加一些想象方面的主题，可以充分发挥儿童的想象力和创造力；增加材料投放的种类，提高操作的难度。大班年龄段儿童的美术区角在形象的选择上可以从抽象、童趣向具象发展，还可以适当使用文字，逐渐向小学过渡，甚至可以投放和鼓励使用混合媒介材料。

工作坊的环境创设则要更多考虑到大多数工作坊是同时面向不同年龄的儿童的，这就需要在设施和材料的投放上根据对象的具体年龄进行有针对性的设计。例如，操作台和洗手台可根据不同身高的儿童设置成阶梯式的台子，使儿童在操作时更为顺手。有条件的话，也可针对不同年龄段的儿童设置不同的操作区域。例如，小班的美术创作很大程度上更强调玩的重要性，所以场地上可更亲近自然，选择一些室外或者半室外的场地；而大班的美术创作更多融入了技巧的教授，所以对操作环境的专业性要求更高。

（二）艺术趣味性

学前儿童的心理世界是丰富多彩的，单调、一成不变的教育环境不利于其身心健康发展和兴趣的培养，所以，学前儿童美术教育环境的创设应具有艺术趣味性。兴趣是儿童最好的老师，只有具有趣味性的环境才可能吸引儿童的注意力，调动儿童的积极性，让儿童主动参与到学习

① 撒力木格，曙光．趣味教学法在初中美术教学中的应用［J］．中国科技经济新闻数据库·教育，2021（11）：171-172.

中来。因此，在学前儿童美术教育环境的创设中要最大限度地给予儿童体验和感知美的机会，充分运用各种主题内容、空间形式、表现手法等，引导儿童自觉建立起良好的审美观，激发他们的艺术创作欲望，以产生表现美和创造美的强烈兴趣。具有艺术趣味性的环境不仅有助于他们审美能力的提高，更有助于其艺术创造性的发挥。

（三）创造性

各个幼儿园和儿童艺术机构趣味性环境的创设应根据各自不同的条件，如地域性特色等，创造性地进行设计与布置。这种创造性可以体现在对内容的选择、形式的表现和材料的具体运用上。美术教育环境整体布置的内容需要顾及多层面的教育功能，同时，地域、社会发展等因素为环境创设提供了广泛的内容，这就要求教师正确把握、灵活运用，为儿童创造优美、健康、新鲜的环境。例如，各地有不同的风俗文化和人文历史，可以从这些方面入手发掘出既有当地特色又为当地儿童所喜闻乐见的主题内容，立足本土，发掘原创。

在形式、材料的运用上，教师也应充分发挥想象力和创造力，针对不同的地区特产，可以开发出独具地域特色的艺术品。如我国一些沿海地区的幼儿园就可以利用贝壳等布置环境或作为美术手工的材料，而有些地区则可以利用当地盛产的竹木。在考虑形式和材料的多样性和独特性的同时，学会创新，设计出美观、新颖、富有童趣的作品。

三、营造学前儿童美术趣味性教育环境的技巧与措施

人创造了教育环境，同时教育环境也在影响着人，美术教育在学前儿童的成长过程中具有举足轻重的作用。教师应在美术教育环境创设的过程中改进教学方法，改善授课环境，潜移默化地感染儿童，带他们进入艺术殿堂，接受艺术熏陶，增强自身的艺术修养，发挥自己的智慧，创造出具有特色的美术作品。美术趣味性教育环境的创设也要根据儿童

的认知特点和思维方式，通过创设美的环境向儿童传递知识、传递美、传递情感，潜移默化地促进他们健康成长。

（一）主题性环境布置与氛围营造

将美术教育环境与美术课程活动相结合，让儿童在活动中接近艺术、观察艺术，继而创造艺术，并在艺术熏陶的过程中加深对美术活动的理解，这才是学前儿童美术教育趣味性环境创设的理想状态。儿童在与环境、美术活动的互动中，不仅会受到艺术熏陶，而且会潜移默化地感受到美好情感带来的教育。

美术活动中的主题性活动对培养儿童美感、陶冶其情操、促进其认知能力和创造性的发展都具有积极作用。主题性美术活动通过绘画创作、手工制作，结合特定的主题情境，从培养儿童的想象能力、发散思维能力着手，在美术中创造一切可能的教育条件和机会，让儿童在美术实践中去体验、思考，发展多向思维。例如，班级内的美术区（角）可以根据儿童的年龄特点，拟定主题活动内容，定期更换主题环境，发挥其教育功能；而伴随着主题活动的深入开展，教师、儿童、家长参与美术活动和环境设计，教室内的环境也逐步丰富起来。

主题性环境布置的内容是极其丰富的，主要有以下几个方面。①自然常识方面（可以结合教学进行）。四季变化、动物世界、植物世界、海底世界、恐龙世界、交通、成长等。②文明礼貌、行为规范方面。团结友爱、爱劳动、环保、守纪律等。③节日及重大社会活动方面。儿童节、劳动节、国庆节、动漫节、圣诞节、母亲节、教师节、春节等。④艺术欣赏方面。名画欣赏、民间美术欣赏、儿童画欣赏、工艺品欣赏等。其他如儿童喜爱的卡通形象、童话故事、神话故事等都可以作为室内环境布置的内容。充分利用美术教育场地中的每个角落，力求让环境会说话，使美术教育回归儿童真实、鲜活、丰富的生活，从而为儿童发展创设良好的环境。

（二）增强环境的可参与性

美术教育趣味性环境的创建并不只是美术作品的简单陈列和展示，所以不能单纯重视环境的趣味性和美化作用而忽略其教育功能。环境应该是激发儿童进行想象，借助自己的双手亲自创作并参与布置与展示的场所。学前儿童活泼好动，喜欢参与各种活动，因此应让他们亲身参与美术教育环境的设计、布置过程，提高其自主性、创造性，增强其动手能力和学习积极性。这个过程是儿童学习和创造的过程，同时，也能够让儿童在每天的学习生活中对自己的作品进行充分地欣赏和观察。

在强调环境创设的参与性和互动性的过程中，值得注意的是，现在有的幼儿园片面地强调儿童的参与性，室内布置的都是儿童作品，使室内墙面布置松散、凌乱，达不到美化环境的效果。对此，教师应发挥主导作用，有意识地创造环境，切不可矫枉过正。

美术教育环境创设大致可以分为教师制作、儿童制作、儿童和教师共同制作、儿童和家长共同制作这几大类。教师制作主要起示范、引导和欣赏作用；儿童制作、儿童和教师共同制作则能充分体现儿童的参与性和教师的指导作用；儿童和家长共同制作则将参与性进一步深化到家庭层面，让家庭成员也参与环境创设，这样能使儿童与其家庭积极通过美术的形式与美术教育环境形成良性互动，使美术教育活动为儿童的身心健康发展提供帮助。

（三）创新教学方法与手段

在学前儿童美术教育中，教师应不断创新教学方法和手段，以提高教育的趣味性和有效性。首先，教师可以采用游戏化的教学方式，将美术活动融入游戏中，让儿童在玩耍中进行美术创作。其次，教师可以利用多媒体技术，通过播放动画片、展示图片等方式，引导儿童观察、想象并创作。最后，教师还可以组织儿童进行小组合作，让他们在合作中互相学习、互相启发。

（四）关注环境营造的系统性

学前儿童美术教育环境是一个独立而完整的系统，是环境各要素及其相互关系的总和。因此，在美术教育趣味性环境的创设中要关注整个环境的系统性。具体来讲，就是要营造一个统一多样的和谐环境。美术教育环境是学前教育环境中的一个组成部分，既要与大环境和谐统一，也因其特殊性而要有独特性和多样性。所以，在趣味性环境创设的过程中，首先要考虑在整体风格、设计基调的选择上是否与大环境匹配，再在和谐中寻求多元化、特色化，形成多层次的美感。

美好的内容需要通过适当的形式来表现。要创设出美观且富有童趣的环境，就必须考虑制作形式和材料表现的多样性。制作的形式有很多种，如平面的、立体的、半立体的或综合形式的。多种形式的糅合能使整体布置具有丰富的层次感，使内容更为生动、具有吸引力。不同的形式也有利于引起儿童参与的兴趣，提高其动手能力。

除了表现形式与材料的多样性外，还可以通过多元化的作品展示，激发儿童持久的艺术创作兴趣。整个环境中，既要有面的表现（如贯穿全园的开放式的欣赏展示环境布置），也要有点的表现（如工作坊、美术区角内独立的展示空间）。作品以多形式、多角度的方式展示，不仅能够提高儿童的学习兴趣，还可以为儿童作品提供一个很好的展示平台。

总之，营造学前儿童美术趣味性教育环境是一个系统工程，需要教育者从多个方面入手，不断创新和完善。

第三节　引入多元性的教学方法

学前儿童正处于认知发展的关键期，他们对新鲜事物充满了好奇心，渴望通过各种途径来探索和表达自我。学前儿童美术教育作为儿童全面发展的关键领域，其教学方法的多元性对于激发儿童的兴趣、培养儿童的创造力和艺术鉴赏力具有不可忽视的作用。多元性教学方法不仅体现在教育内容的多样性上，更在于教学方法和手段的创新与融合。多元性教学方法的运用可以满足儿童多样化的学习需求，激发他们的学习兴趣和创造力。

一、学前儿童美术教育多元性教学方法的概念与特点

学前儿童美术教育多元性教学方法的概念涵盖了多个层面。从广义上讲，多元性教学方法是指在美术教育中，根据儿童的年龄、兴趣、认知特点和发展需求，采用多种教学手段和策略，以达到最佳的教学效果。这些教学方法包括但不限于直观教学、游戏教学、情境教学、合作教学等，它们相互补充、相互渗透，共同构成了一个丰富多样的教学体系[①]。

在学前儿童美术教育中，多元性教学方法的特点体现在以下几个方面。

（一）尊重儿童的个体差异与兴趣特点

多元性教学方法强调尊重儿童的个体差异和兴趣特点，注重因材施教。每个儿童都有其独特的艺术天赋和兴趣点，教学方法的多元性意味着教育者需要关注每一个儿童的个性化需求，通过不同的教学手段和策略激发他们的学习兴趣和创造力。

（二）融合多种教学资源与手段

多元性教学方法强调教学资源的多样性和教学手段的丰富性。教育者可以充分利用各种美术材料、工具和技术，结合现代科技手段，为儿童创造一个充满创意和想象力的学习环境。同时，通过引入不同的艺术形式和风格，让儿童接触到更广阔的艺术世界，拓宽他们的艺术视野。

① 李懿人. 多元性教学方式在小学美术课堂的重要性［D］. 桂林：广西师范学院，2024.

（三）注重情境创设与情感体验

多元性教学方法强调在美术教育中创设具有真实感的教学情境。通过模拟生活场景、讲述故事、播放音乐等方式，让儿童在情境中感受艺术的美妙和魅力，激发他们的情感共鸣和创造力。这种情境化教学不仅能够提高儿童的学习积极性，还能够培养他们的情感表达能力和审美素养。

（四）强调合作与交流能力的培养

多元性教学方法注重培养儿童的合作与交流能力。通过组织小组合作、集体创作等活动，让儿童在互动中学会倾听、表达和协作，培养他们的团队精神和社交技能。同时，通过分享作品、交流心得等方式，让儿童在交流中相互学习、共同进步。

学前儿童美术教育多元性教学方法不仅有助于提升儿童的艺术素养和创造力，还能够促进他们社会适应能力的提升。在未来的学前儿童美术教育中，应积极探索和实践多元性教学方法，为儿童的成长和发展创造更加丰富多彩的教育环境。

二、学前儿童美术教育引入多元性教学方法的意义

在当前的教育背景下，引入多元性的教学方法成为学前儿童美术教育发展的必然趋势。传统的美术教育方法往往过于注重技能的传授和模仿，忽视了儿童个体差异和创造力的培养。这种单一的教学方法无法满足不同儿童的学习需求，容易导致儿童丧失对美术学习的兴趣。同时，随着社会的快速发展和信息技术的普及，儿童接触到的艺术形式和创作手段日益丰富多样。如果美术教育仍然停留在传统的教学模式上，将难以适应时代发展的要求。因此，引入多元性的教学方法成为学前儿童美术教育改革的迫切需求。

从时代意义层面讲，学前儿童美术教育引入多元性的教学方法是对当今多元化、信息化社会的积极回应。在全球化的大背景下，文化的交

流与融合成为常态，艺术形式和创作手段也日益多样化。学前儿童作为未来社会的主人，需要具备更加开放、包容和创新的艺术素养。引入多元性的教学方法，意味着美术教育不再局限于传统的绘画技能传授，而是更加注重培养儿童的综合素质和创新能力。这种教学方法能够让儿童接触到更加广泛的艺术领域，拓宽他们的艺术视野，为他们的未来发展打下坚实的基础。以某幼儿园为例，该幼儿园在美术教育中引入了多元性的教学方法。除了传统的绘画课程，还增加了手工制作、陶艺、拼贴等多种艺术形式。通过这些活动，儿童不仅能够体验到不同艺术形式的魅力，还能够培养动手能力、创新思维和团队合作意识。这种多元性的教学方法受到了家长和儿童的一致好评，也取得了显著的教育成果。

多元性的教学方法也符合当前教育改革的趋势。以“主题教学”为例，教育者不再孤立地教授某一种艺术形式或技能，而是围绕一个特定的主题，如“四季”“动物世界”等，整合多种艺术手段和教学资源，让儿童在综合性的艺术活动中获得全面发展。这种教学方式不仅激发了儿童的学习兴趣，也让他们在不同艺术形式间建立起联系，提高了学习的连贯性和整体性。

从教育层面讲，首先，引入多元性的教学方法有助于提升学前儿童美术教育的质量。传统的美术教育往往过于注重结果，忽视了过程的重要性。而多元性的教学方法更加注重儿童的学习过程和体验，关注他们在创作过程中的思考、探索和创新。这种教学方法能够更全面地评价儿童的学习成果，为教育者提供更加准确的反馈，从而有针对性地调整教学策略、提升教学质量。其次，学前儿童美术教育引入多元性的教学方法有助于丰富儿童的艺术体验。通过接触不同的艺术形式、材料和技法，儿童可以更加深入地了解艺术的多样性和丰富性，拓宽他们的艺术视野。这种丰富的艺术体验不仅能够提升儿童的艺术素养，还能够为他们的未来发展奠定坚实的基础。

三、多元视域下学前儿童美术教育教学方法的选择

教学方法多种多样，任何一种教学方法都有它特定的功能，也有它的局限性。不同的教学方法之间既相互区别，又相互渗透、相互补充。因此，在教学实践中，学前美术教师要从客观实际出发，科学、恰当地选择教学方法，合理地组合并创造性地运用，这样才能充分发挥教学方法的作用。在学前美术教学方法的选择上，概括起来主要有以下两个方面的内容。

（一）选择教学方法的依据

学前儿童美术教育作为儿童启蒙教育的重要组成部分，其教学方法的选择至关重要。教学方法不仅影响着儿童的学习兴趣和积极性，更直接关系到儿童艺术素养和创造力的培养。因此，在选择学前儿童美术教育的教学方法时，必须依据一系列科学、合理的原则和标准。

1. 学前儿童的身心发展特点

学前儿童处于身心发展的关键期，他们的注意力、记忆力、想象力和创造力等都在迅速发展。因此，教学方法的选择必须符合儿童的认知规律和心理特点。例如，对于注意力不集中的儿童，可以采用游戏化教学的方式，通过有趣的游戏吸引他们的注意力；对于想象力丰富的儿童，可以采用开放式创作的教学方法，鼓励他们自由发挥、展现个性。

2. 学前儿童美术教育的目标和内容

选择学前儿童美术教育教学方法，最主要的衡量标准是这种方法对于实现学前儿童美术教育教学目标是否起到了应有的作用。教学目标往往由知识、智能、情感、态度、价值观等因素构成，这些因素在学生的个人学习中既有共性规律，又有个性发展特点。要有效实现学前儿童美术教学目标，就必须选择与之相适应的教学方法。例如，如果目标是培养儿童的绘画技能，那么可以采用示范教学的方式，让儿童通过观察和学习掌握基本的绘画技巧；如果教学内容是手工制作，那么可以采用实践操作的教学方法，让儿童亲自动手，体验制作的乐趣。

3. 教育资源的可利用性

不同地区、不同幼儿园的教育资源存在差异，因此在选择教学方法时需要考虑资源的可利用性。例如，对于资源丰富的幼儿园，可以引入多媒体教学手段，利用视频、音频等多媒体资源为儿童提供更加丰富的学习体验；对于资源有限的幼儿园，则可以采用传统的绘画、手工等教学方式，通过简单的材料和工具培养儿童的艺术兴趣。

4. 教师的专业素养和教学能力

教师是教学方法的执行者，他们的专业素养和教学能力直接影响着教学方法的实施效果。因此，在选择教学方法时，需要考虑教师的实际情况和能力水平。对于专业素养高、教学能力强的教师，可以鼓励他们尝试创新的教学方法，如跨学科整合教学、项目式学习等；对于经验尚浅的教师，则可以提供培训和指导，帮助他们掌握基本的教学方法和技巧。

（二）选择教学方法的程序

苏联著名教育学家巴班斯基（Babansky）在《教育教学过程最优化》一书中阐述了教学方法的最优化，也论述了对教学方法优选的程序。按照巴班斯基的有关理论，选择教学方法的程序大概包括四大步骤，这些步骤对于学前美术教育教学方法的选择程序也同样适合。

首先，明确选择学前儿童美术教育教学方法的标准和要求。选择学前儿童美术教育教学方法的标准主要有以下六项：一是教学方法的选择要符合学前儿童美术教育教学原则和教学规律；二是教学方法要符合学前儿童美术教育教学目的和教学任务；三是教学方法要符合学前儿童美术教育教学内容的特点；四是学前儿童美术教育教学方法的选择和运用要考虑儿童个性发展的多元化；五是美术教师要考虑针对教学目标的实现所实施的多元教学方法的可能性；六是美术教师要充分考虑使用多元教学方法时时间的分配。上述六项标准是一个整体，在选择和运用时要先从整体上进行综合考虑，充分发挥标准的整体效应。这里所谈的标准一定要具体化，反对抽象化。例如，选择学前儿童美术教育教学方法所依据的诸项标准要尽量细致，既要把教学任务、教学目的、教学原则、教学内容、教学时间具体化，又要把学生特点和教师素养具体化。这样才能使美术教师明确把握选择教学方法的具体标准。

其次，教师要充分储备各种教学方法，并详细了解各种教学方法的优缺点，在选择和运用时做到精心策划、周密选择。在收集教学方法的过程中，学前美术教师不但要注意教学方法的种类和数量，还要充分了解每一种教学方法的运用方式和细节①。因为教学方法的分类是很复杂的，具有多元性。例如，巴班斯基的教学方法分类说，称第二大类为“刺激和形成学习动机的方法”，下列第一小类为“刺激学习兴趣的方法”，下列第二小类为“刺激学习责任感的方法”。在第一小类“刺激学习兴趣的方法”下，他又列出了“认识性游戏”“学习讨论”“设置道德情感体验的情境”“设置引人入胜的情境”“设置课堂情境（依靠生活经验）”“设置认识新颖性情境”等。因此，学前美术教师收集到的教学方法越多，对教学方法的分类及其细节了解得越细，就越有利于进行最优化选择。

再次，对可供选择的学前儿童美术教育教学方法进行综合分析、比较，实现选择的最优化。这一步需要做好两项工作。一是分析、比较各种教学方法选择和运用的可能性。以具体的教学方法为纵坐标，以其对“形成……”“发展……”“教学速度”的功能为横坐标，进行比较。例如，问题性探索法对于“形成理论知识”的功能大于所有方法，用“+！”（第一等）表示，对于“形成实际知识”的功能用“+”（第二等）表示；对于“形成实际操作和劳动技能”的功能则用“－”（第三等）表示。以下各项可以这样表示：“发展语言逻辑思维”为“+！”；“发展直观形象思维”为“－”。二是分析、比较各种可供选择的教学方法的适用范围和条件。在选择教学方法时，学前儿童美术教师要对语言法、直观法、预防法、纠正法、练习法、比赛法、游戏法

① 刘荣梅．学前儿童美术教育及教学方法［J］．爱情婚姻家庭：教育科研，2020（11）：18.

等多种教学方法进行综合分析，比较它们各自“最适宜解决的教学任务”“最适宜解决的教学内容”“最适应学生的特点”“最适应教师的素养条件”“最适应具体的时间标准”等。

最后，在完成以上诸步骤工作的基础上，学前美术教师结合教学目标、教学内容、教学评价、学生反馈、教学环境等实际情况，对各种教学方法进行严格筛选，作出最后的选择，实现学前儿童美术教育教学方法选择的最优化。

四、多元化教学方法的实施策略与注意事项

（一）多元化教学方法的实施策略

教学方法的多元化不等同于教学方法的多样化。两者在词义上虽属同源，但教学方法的多元化是达到多样化的必要条件，不能一味地将其进行综合，要做到合理利用，使各种学前儿童美术教育教学方法相互渗透，才能使各种教学方法相互查漏补缺，才能高效实现教学目标，真正做到有效教学。学前儿童美术教育教学方法多种多样，每一种方法都具有各自的特点和适用范围，都各有长处和不足，都要在特定的条件下才能发挥效用。因此，教师在学前儿童美术教育过程中要根据实际情况，对各种教学方法的优点进行合理利用，不能生搬硬套。

1. 游戏化教学

游戏化教学是将游戏元素融入美术教学活动中，使儿童在轻松愉快的氛围中学习美术知识和技能。例如，在绘画教学中，可以设计“颜色接力”游戏，让儿童通过接力传递不同颜色的画笔，完成一幅合作绘画作品。这种教学方法不仅能够激发儿童的学习兴趣，还能培养他们的团队合作精神和创造力。

2. 情境化教学

情境化教学是通过创设与现实生活或故事情境相似的场景，引导儿童在情境中感知、体验、创作美术作品。例如，在手工制作教学中，

可以设置一个“小小建筑师”的情境，让儿童利用废旧材料制作自己心目中的建筑模型。这种教学方法有助于儿童将美术知识与现实生活相联系，培养他们的观察力和创造力。

3. 项目式学习

项目式学习是以儿童为中心，通过完成一个具体的美术项目来培养他们的实践能力、创新精神和解决问题的能力。例如，可以组织一个“小小艺术家”的项目，让儿童自主选择主题、材料和创作方式，完成一幅具有个人特色的美术作品。这种教学方法能够激发儿童的主动性和创造性，促进他们的深度学习。

4. 互动式教学

互动式教学强调师生之间的双向交流和互动，通过问答、讨论、合作等方式激发儿童的思维活力和创造力。例如，在欣赏教学中，教师可以引导儿童观察和分析美术作品，鼓励他们发表自己的见解和感受，同时给予积极的反馈和指导。这种教学方法有助于培养儿童的批判性思维和表达能力，提升他们的审美素养。

（二）多元化教学方法实施中的注意事项

1. 尊重儿童的个体差异

在运用多元化教学方法时，教师应充分尊重儿童的个体差异，关注每个儿童的学习需求和兴趣点。针对不同儿童的特点，教师应灵活调整教学方法，为儿童提供个性化的学习支持。

2. 注重教学过程的趣味性

多元化教学方法的实施应注重教学过程的趣味性，以吸引儿童的注意力，激发他们的学习兴趣。教师可以通过设计有趣的教学活动、使用生动的教学语言、营造轻松愉快的课堂氛围等方式来提升教学的趣味性。

3. 强调实践与创新

多元化教学方法应注重儿童的实践与创新能力的培养。教师应鼓励儿童大胆尝试、勇于创新，通过实践操作和创作活动来培养他们的动手能力和创新思维。

4. 与家长保持密切沟通

在实施多元化教学方法的过程中，教师应与家长保持密切沟通，了解家长的期望和需求，争取家长的支持和配合。同时，教师还应及时向家长反馈儿童的学习情况和进步，共同促进儿童的发展。

学前儿童美术教育多元化教学方法的运用是一项系统工程，需要教育工作者在实践中不断探索和创新。通过游戏化教学、情境化教学、跨学科整合教学、项目式学习和互动式教学等多种方法的实施，为儿童创造一个丰富多彩、充满趣味的美术学习环境，激发他们的学习兴趣和创造力，促进他们的全面发展。

第四节　整合信息技术与美术教学

信息技术教育与课程整合是现代教学发展的必然，信息技术为学前儿童美术教学的发展和学前儿童美术学习提供了良好的技术支持。教学中运用信息技术可以明显提高教学质量，儿童通过网络上丰富的信息资源进行美术学习，其学习美术的兴趣明显提高。

一、信息技术在学前儿童美术教育中的应用价值

（一）对传统课堂的变革

传统的美术课堂是一个四方天地，而信息技术与儿童美术教学的整合，打破了传统美术课堂封闭的格局，把美术课堂带到了一个无限广阔的天地，开辟了一个全新的美术课堂，使美术课堂从时间上、空间上都

得到了无限的拓展①。可以说时时是课堂、处处是课堂，哪里有计算机，哪里就有美术课堂。只要一开机，就可以"上课"，就可以进行网上教学、网上欣赏、网上交流等美术学习与实践活动。

（二）对教学环境的变革

信息技术与儿童美术教学整合所提供的信息资源，具有传统教学模式无可比拟的优势。信息技术对多种信息与文字、声音、图片、图像、动画等，进行数字化采集、编码、储存、传输、再现，这样，多种信息就可连接成一个具有交互性的信息平台。它可以为儿童提供一系列生动、具体、真实、形象的多维化、立体式的教学情境，从而创设一个理想化的学习环境，大大激发了儿童的兴趣，促使儿童视听并用，沉浸在情境美和作品美的氛围中。同时，信息技术与儿童美术教学的整合，能够激发儿童的创造潜能，充分发挥学生的聪明才智。

（三）对传统教学方式的变革

信息技术走进美术课堂教学，使美术教学方式发生了重大变革。传统的美术教学方式单一而乏味，美术教学手段难以体现多元化，而信息技术的运用，大大地增加了美术教学所需的信息资源。教学中变化多样的电脑课件适合儿童好奇好学的认知规律和愉悦身心的需要。这样，简易、新型、交互、愉悦的美术教学成了主要的教学方式，对提高儿童的美术学习兴趣和审美能力发挥了重要作用。信息技术的使用，不仅可以引导儿童早期学习计算机基本知识、激发儿童学习美术的爱好和兴趣，还可以培养儿童的各种能力。

二、信息技术与美术教学整合的优点

（一）易构图

在美术绘画中，好的构图是作品成功的第一步。在纸上作画，构

---

① 罗礼娅．核心素养视角下信息技术与美术教学的融合研究［J］．成功，2023（6）：71-74.

图偏大或偏小会使画面不够理想，位置不合适也会严重影响后续作画的进行，导致重新开始起稿和构图。在教学中运用计算机画图软件，只要熟练掌握工具栏中工具的使用方法，便可随时灵活处理画布大小、画面构图。

（二）易设色

日常生活中常见的景物在不同的时间、季节给人不同的色彩感觉。美术作品中的画面色调也有着丰富的变化。色彩的色调有冷色调、暖色调，具体表现为以红色为主的暖色调、以绿色为主的冷色调等。要想使一幅画表现出不同的色调，用电脑上的画图软件来完成就比较容易了。只需从画图中的工具栏的颜色盒中获取不同的色彩，就能画出不同色调的画面。

（三）易设计

在教学图案纹样设计中，教师要通过演示画图作示范。由于二方连续、四方连续等图案的设计，大部分是在几何图形的基础上完成的，要求较为规范、严谨，填色需要一定技巧，使教师的范图演示存在时间不够的问题。这样的图案设计也比较枯燥，儿童往往对这类设计不感兴趣。如果用电脑上的画图软件来进行图案设计，则会简单得多。

三、信息技术与学前儿童美术教育整合的策略

信息技术融合到美术教学的过程中，有效地改变了儿童美术学习方法，进一步强调了学生的主体地位，从而构建了一个灵活的教学环境。信息技术与学前儿童美术教育整合的策略如下。

（一）创设多媒体教学情境，激发儿童学习兴趣

兴趣是指个体力求认识某种事物或从事某项活动的心理倾向，是推动人们去寻求知识和从事活动的心理因素。爱因斯坦曾经说：“兴趣是最好的老师。”如果学前儿童对某一事物感兴趣，就会想方设法去认识、探究。由此可见，兴趣在学习中有着十分重要的作用，是学习的动

力之一。因此，在教学中，教师要善于创设情境，让学前儿童在情境中学习。信息技术能够展示精美的文字、优美的图片，播放动听的音乐和有趣的动画。教师可以根据课堂教学需要制作多媒体课件，利用多媒体的字、形、像、声，形象生动地展示教学中的知识点，激发起儿童学习美术的兴趣。

（二）创设新型网上教学模式，增强自主探究学习的积极性

在以往的美术教学中，教师注重的是美术技法的传授，课堂以教师讲解为主，以儿童画得“像不像”为评价准则。新的国家美术课程标准和课改精神，明确强调教学要以儿童发展为本，要注重儿童学习的过程，使儿童能够积极主动地参与美术学习活动，能够进行合作学习。美术教学由重视“技能技巧”向以“美术文化、能力培养”为核心的教学转变，教师可以利用多媒体人机交互性强的特点，让儿童自主参与。在信息技术与美术教学的整合过程中，儿童可以利用教师准备好的课件，通过“人机对话”形式开展自主探索学习[①]。

1. 创建新型美术欣赏教学模式

信息技术与网络的普及，为儿童美术教学提供了丰富的教学资源，不但拓宽了儿童美术欣赏的视野，儿童通过网络还可以获得更多的美术知识，有利于提高儿童的欣赏能力、审美能力和信息素养。传统的美术欣赏教学模式往往是欣赏“挂图＋实物”，儿童对这类的欣赏模式不感兴趣，知识往往不容易接受，欣赏不了也体会不到其中的“美”。教师可利用信息技术，使美术欣赏模式改变为“挂图＋实物＋网络”的新型模式。这将给枯燥无味的美术欣赏教学增添新的活力，激发儿童对美术欣赏的兴趣，使儿童变被动学习为主动探究，达到乐学、博教的理想教学境界。

① 朱婧．信息科技与美术教学互融的策略［J］．课程教材教学研究：小教研究，2023（7）：84–85.

2. 构建新型网上美术展厅

充分利用网络平台和学校网站构建一个方便快捷的网上美术展厅，设置“少儿美术园地”“艺术起源”“书画文化”“名画欣赏”“名家书画”“外国儿童画”等栏目。鼓励儿童上传自己的作品，让儿童从展示自己的作品中获得成就感。教师可以从评价栏目中了解儿童的想法和学习动态，以便更好地开展美术作品网络展示活动。鼓励儿童浏览各种艺术教育网站，从中学习美术文化知识，拓宽艺术视野。鼓励儿童通过网络发表自己优秀的美术作品，激发儿童进一步创作更优秀作品的热情。

（三）开发信息化教学资源

随着信息技术的快速发展，信息化教学资源在学前儿童美术教育中扮演着越来越重要的角色。开发信息化教学资源不仅有助于丰富教学内容、提高教学效果，还能更好地满足儿童的个性化学习需求。

1. 广泛收集与筛选资源

开发信息化教学资源的第一步是广泛收集资源。教师可以通过网络搜索、专业网站、教育论坛等途径获取大量的美术教育资源。在收集资源的过程中，教师需要注意资源的权威性和可靠性，避免引入不良信息或低质量资源。同时，还要结合教学目标和儿童的实际需求进行筛选，选择具有代表性、启发性和趣味性的资源。

2. 整合与优化资源

在收集到丰富的资源后，教师需要对这些资源进行整合和优化。整合资源时，教师可以根据教学内容和儿童的认知特点，对不同类型的资源进行有效组合，形成具有逻辑性和连贯性的教学内容。优化资源时，教师可以利用信息技术手段对资源进行处理和加工，如调整图像大小、添加文字说明、制作动画效果等，使资源更加符合儿童的学习需求。

3. 自主开发与创新资源

除了收集和整合外部资源外，教师还可以利用信息技术手段自主开发与创新教学资源。例如，教师可以利用专业的图形设计软件制作美术教学课件，将文字、图片、音频和视频等多种元素融合在一起，形成生动有趣的教学内容。此外，教师还可以录制教学视频，将自己的教学过程和方法呈现出来，供儿童在家自主学习或复习巩固。在自主开发资源的过程中，教师需要注重创新性和实用性，结合儿童的实际情况进行针对性地开发。

4. 注重资源的更新与维护

信息化教学资源不是一成不变的，而是需要不断更新和维护的。随着教育理念的更新和技术的发展，教师需要定期对已有的教学资源进行检查和更新，确保其时效性和可用性。同时，还要建立资源维护机制，对资源进行定期备份和修复，以避免资源的丢失和损坏。

信息技术与美术教学的整合是长期的教学研究过程，两者的整合是一种互相促进、互相提高的过程。信息技术与美术教学的整合，可以充分利用网络资源，发挥信息技术的作用，实现整合后美术教学质量和效率的提高。信息技术与儿童美术教学的整合，有利于提高美术教师在儿童美术教学中使用信息技术的意识，更新美术教师的教学观念，改变传统的美术教学模式，进一步推动儿童美术教育教学改革的深入开展，为儿童美术教学开辟一条新道路，为培养创新型人才开拓一片新天地。

第五节　开发与利用人文美术资源

在学前儿童美术教育的实践中，开发与利用人文美术资源，对于提升儿童审美素养、培养其创造力和艺术感知能力具有重要意义。人文美术资源涵盖了广泛的艺术形式和内容，从传统的民间工艺到现代的视觉艺术，从本土文化到世界多元文化，都是学前儿童美术教育宝贵的资源。本节旨在探讨如何有效开发与利用这些资源，以促进学前儿童美术教育的深入发展。

一、开发与利用人文美术资源的意义

人文美术资源是学前儿童美术教育的重要组成部分，其开发与利用有以下意义。

首先，开发与利用人文美术资源有助于丰富学前儿童美术教育的内容。人文美术资源涵盖了绘画、雕塑、建筑、工艺等多种艺术形式，这些资源不仅具有审美价值，还蕴含着丰富的历史、文化和情感信息。通过将这些资源引入学前儿童美术教育，可以让儿童接触到更多的艺术形式和作品，拓宽他们的艺术视野，提升对艺术作品的鉴赏力和创造力①。

其次，开发与利用人文美术资源有助于促进学前儿童的文化传承与文化认同。人文美术资源中蕴含着深厚的文化底蕴，通过引导儿童欣赏和学习这些资源，可以帮助他们了解传统文化，增强对民族文化的认同感和自豪感。同时，人文美术资源的开发与利用也有助于培养儿童的跨文化交流能力，让他们在未来的国际交往中更加自信和从容。

再次，开发与利用人文美术资源有助于培养学前儿童的创新精神和实践能力。人文美术资源中的艺术作品往往具有丰富的想象力和创造力，通过引导儿童欣赏、分析和创作这些作品，可以激发他们的创新灵感，培养他们的创新思维能力。同时，美术教育活动本身就是一种实践性很强的活动，儿童在参与美术创作的过程中，不仅可以提升自己的实践能力，还可以培养耐心、细致等良好的学习习惯。

最后，开发与利用人文美术资源有助于提升学前儿童美术教育的质量和水平。通过整合和优化人文美术资源，可以为儿童提供更加优质、丰富的教育资源，让美术教育更加贴近儿童的生活实际和兴趣爱好。同时，人文美术资源的开发与利用也可以促进美术教育的创新和发展，推动学前儿童美术教育不断向更高层次迈进。

---

① 王惠萍. 开发幼儿美术教育的人文资源［J］. 江苏教育研究：职教（C版），2009（12）：33-35.

二、开发与利用人文美术资源的原则

开发与利用人文美术资源是时代发展的要求，是学科发展的趋势，也是行之有效的课程发展策略。开发与利用人文美术资源应该遵循教育和学科发展的规律，否则就会陷入生搬硬套、盲目拼凑的误区，这样非但不能达到理想的教育教学目的，还会破坏正常的教学秩序，扼杀学生学习美术的兴趣，影响教学的效果，最终阻碍课程改革的进程。开发与利用人文美术资源应该坚持以下原则。

第一，学前儿童美术教育中开发与利用人文美术资源应遵循适宜性原则。一是儿童的认知水平和兴趣特点随着年龄的增长而不断变化，因此，在选择人文美术资源时，应充分考虑儿童的年龄特征。对于学前儿童来说，应选择那些色彩鲜艳、形象生动、内容简单的资源，以吸引他们的注意力并激发他们的学习兴趣。二是考虑儿童的文化背景，选择与之相关或相近的美术资源，以促进儿童的文化认同和审美发展。

第二，开发与利用人文美术资源应遵循多元性原则。主要表现在以下几个方面。

一是文化多样性。选择来自不同文化背景的美术资源，如东方艺术、西方艺术、非洲艺术、拉丁美洲艺术等，让学前儿童接触和了解不同文化的艺术风格和特点；强调文化间的交流和融合，通过对比和欣赏不同文化的艺术作品，培养学前儿童的文化包容性和跨文化交流能力。

二是历史多样性。选择跨越不同历史时期的美术资源，包括古代艺术、中世纪艺术、文艺复兴艺术、现代艺术等，让学前儿童了解艺术发展的历史脉络和变迁；通过学习不同历史时期的艺术风格、流派和代表人物，培养学前儿童的历史意识和艺术鉴赏能力。

三是艺术形式多样性。选择包括绘画、雕塑、建筑、民间艺术、工艺品等多种艺术形式的资源，让学前儿童了解艺术的多样性和丰富性；鼓励学前儿童尝试不同的艺术形式和创作方式，培养他们的艺术创造力和表现力。

四是地域多样性。选择来自不同地域的美术资源，如亚洲艺术、欧洲艺术、美洲艺术、非洲艺术等，让学前儿童了解不同地域的艺术特色和风土人情；鼓励学前儿童了解和欣赏不同地域的艺术作品，培养他们的全球视野和跨文化交流能力。

第三，开发与利用人文美术资源应遵循教育性原则。人文美术资源不仅具有审美价值，还蕴含着丰富的历史、文化和情感信息。在学前儿童美术教育中，应充分挖掘这些资源的教育价值，通过引导儿童欣赏、分析和创作艺术作品，培养他们的审美素养、观察能力和创新思维。同时，还应注重将人文美术资源与儿童的生活经验相结合，让他们在亲身体验中感受艺术与生活的紧密联系。

第四，开发与利用人文美术资源应遵循安全性原则。在收集和筛选人文美术资源时，应确保资源的来源可靠、内容健康，避免引入不良信息或有害内容。同时，在利用人文美术资源进行教学时，也应关注儿童的安全问题，如确保活动场所的安全、使用无毒无害的材料等，以保障儿童的身心健康。

三、开发与利用人文美术资源的具体措施

美术课程的资源是极其丰富的，它可以来自家庭、社区，也可以来自社会，甚至更大的范围。学前儿童美术教育应善于从各种教育资源中汲取有益的营养，立足于多元的文化观，积极地探索和开发新的教育资源，从广袤的、宽阔的认识出发进行积极的思考和有效的实施。由此，根据学校办学传统及儿童的实际，结合当地条件，努力开发与利用人文美术课程资源，不断地丰富学校艺术教育课程，将成为学校的一道“风景线”，一种校园文化特色。开发与利用人文美术资源可采取以下措施。

（一）明确开发与利用人文美术资源的目标

在学前儿童美术教育中，开发与利用人文美术资源的目标应明确而

具体。首先，要培养儿童的审美能力和艺术鉴赏力，让他们通过欣赏和创作艺术作品，增强对美的感知和理解能力。其次，要激发儿童的创造力和想象力，鼓励他们通过美术活动表达自己的情感和想法，培养创新思维和解决问题的能力。最后，要通过人文美术资源的开发与利用，让儿童了解传统文化，增强对民族文化的认同感和自豪感，培养他们的文化素养和跨文化交流能力。

（二）筛选与整合适合学前儿童的人文美术资源

在开发与利用人文美术资源的过程中，筛选与整合适合学前儿童的人文美术资源是关键。首先，要根据儿童的年龄特点和认知发展水平，选择那些色彩鲜艳、形象生动、内容简单的艺术作品，以吸引他们的注意力并激发他们的学习兴趣。其次，要注重资源的多样性，包括绘画、雕塑、建筑、民间工艺等多种艺术形式，让儿童能够接触到不同风格、不同文化的艺术作品。最后，还要关注资源的文化价值，选择那些具有代表性、能够体现传统文化精髓的资源，让儿童在欣赏和学习中感受文化的魅力。

（三）创设丰富多彩的人文美术教育环境

环境是儿童学习美术的重要场所，创设丰富多彩的人文美术教育环境对于开发与利用人文美术资源具有重要意义。

1. 开创展示学生美术作品或中外优秀美术作品的艺术长廊

可以在幼儿园或美术活动室设置专门的展览区，这样不仅可以美化校园，营造校园的艺术气氛，丰富校园的文化艺术生活，而且可以大大提高儿童学习美术的兴趣与欣赏、评价艺术作品的能力。教师要根据校内开展的美术兴趣小组的创作活动或收集课内外学生的优秀作业，在学校门厅、走廊、教室等场所进行展示，如举办美术课堂作业展览、美术创作和临摹展等。作品展览要内容丰富、形式多样，从平面绘画到立体工艺制作等无所不及，而且要根据学校的特色项目举办有特色的艺术作品展，产生良好的艺术效果和广泛的辐射影响作用。

2. 建立健全校内美术图书馆

根据美术课程标准要求，教学活动应注重学生的自学和合作学习以及教师自主开发教材内容，这些都需要有丰富的美术教育资源作为参考。因此，建立健全校内美术图书馆尤为重要。学校应充分考虑对与人文美术相关的书籍、美术作品集、美术杂志、幻灯片、录像带、光盘等进行整理补充、专项管理，以供学前儿童学习美术以及教师进行美术教学时选用。

（四）设计具有针对性的美术教育活动

教师可以结合人文美术资源中的故事、传说等元素，设计有趣的故事讲述和角色扮演活动，让儿童在轻松愉快的氛围中了解传统文化。以下是一些具体的活动设计建议。

1. 美术资源的选择与准备

选择具有代表性、教育意义和趣味性的传统故事或传说，如嫦娥奔月、大闹天宫等。收集与这些故事相关的美术资源，如绘画、壁画、剪纸、刺绣等，用于展示和讲述。

2. 故事讲述活动

故事导入：通过展示相关的美术资源，吸引儿童的注意力，激发他们的好奇心。

故事讲述：用生动、有趣的语言讲述故事，注重情节的发展和角色的塑造。例如，讲述嫦娥奔月的故事，强调嫦娥的善良、勇敢和对家乡的思念。

互动提问：在讲述过程中，适时提出问题，引导儿童思考和回答，增强他们的参与感。

3. 角色扮演活动

角色分配：根据故事内容，为儿童分配不同的角色，让他们扮演故事中的主人公、配角或动物等。例如，让儿童分别扮演嫦娥、后羿、玉兔等角色，进行表演。

道具准备：利用美术资源或自制道具，为儿童准备符合角色形象的服装、头饰、道具等。

表演指导：指导儿童如何表演，包括动作、表情、语言等，帮助他们更好地融入角色。

4. 结合美术创作的活动

绘画创作：让儿童根据故事内容或自己的想象，创作与故事相关的绘画作品。例如，让儿童绘制自己心目中的嫦娥形象或月宫景象。

手工制作：利用剪纸、粘贴、雕塑等手工技艺，制作与故事相关的手工作品，如面具、头饰、道具等。例如，让儿童利用剪纸和粘贴技艺，制作玉兔头饰或月宫灯笼等手工作品。

5. 活动总结与分享

分享环节：让参与活动的儿童分享自己的作品和表演经历，增强他们的自信心和表达能力。

总结点评：对活动进行总结和点评，肯定儿童的努力和成果，提出改进的建议和期望。

通过这样的活动设计，儿童不仅能够了解和学习传统文化，还能够通过亲身参与和创作，增强对传统文化的认同感和自豪感。同时，这种活动也能够培养儿童的想象力、创造力和表达能力，促进他们的全面发展。

（五）加强师资培训与资源整合

师资是开发与利用人文美术资源的关键因素。因此，加强师资培训、提升教师的专业素养和教育教学能力至关重要。首先，可以通过组织专业讲座、研讨会等活动，让教师了解人文美术资源的价值和意义，掌握开发与利用人文美术资源的方法和技巧。其次，可以邀请艺术家、文化工作者等专家来作指导，与教师共同探讨如何更好地利用人文美术资源进行美术教育。此外，还可以加强与其他文化机构的合作与交流，共享资源、共同开展教育活动，形成合力推动学前儿童美术教育的发展。

（六）注重家庭与社区的参与

家庭与社区是儿童成长的重要环境，他们的参与对于开发与利用人文美术资源具有重要意义。首先，可以通过家长会、亲子活动等方式，向家长宣传人文美术资源的价值和意义，引导家长在家庭生活中为儿童提供丰富的艺术体验和学习机会。其次，可以与社区文化机构合作，利用社区资源开展美术教育活动，如组织社区美术展览、邀请艺术家进社区指导等。最后，还可以鼓励儿童参与社区文化活动，如参加文艺演出、制作节日装饰等，让儿童在实践中感受文化的魅力。

（七）开发与利用学校周边的文化资源

随着城市小区规划的进一步完善，学校周边的各种文化氛围使学校周边的资源开发更趋丰富。因此，一方面可以利用学校周边的公共文化设施资源进行美术教育教学活动，把这些公共文化设施中的美术资源与具有特色的建筑作为美术课程教学的内容。同时，还可以和书画协会、雕艺协会、文化馆等文化部门携手，开展多种形式的美术教育活动，通过参观美术展览、举办专家讲座等，使美术课程资源得到极大地开发和不断地丰富。另一方面，学校周边的民宅、民居、寺庙等，都可以作为学习资源来开发、设计教学课程，开展教学活动。例如，当地的古民居、古香古色的寺庙……这些富有地方特色的文化资源无不为美术教学注入无限的生机。

开发和利用学校周边的人文美术资源，不仅可以提升儿童的审美体验，还可以对学生进行继承传统、弘扬传统文化、美化生活、美化环境的教育。

（八）开发与利用当地的物质资源

这里的物质资源是指自然界中可用于美术教学的自然风景、物产资源等各种因素。美术教师要以敏锐的眼光，因地制宜地将许多物质材料引入美术课堂，创造性地开发出一系列各具特色的校本课程。例如，利用泥塑、石雕、卵石、贝壳、树根、竹根进行造型；利用树皮、树叶、树枝、小果子、豆类、稻草、蛋壳、瓦片、沙子、羽毛、菜秆、树藤、粽叶等材料进行编织和捆扎造型；利用各种废弃物如饮料瓶、易拉罐、一次性水杯、废盒子、泡沫塑料、电话卡、废光盘、塑料袋、塑料绳等材料进行造型和创造。这些都可以做到“点石成金、变废为宝”。所产生的美术作品具有鲜明的地方特色，有的散发出民间艺术的味道，体现出浓郁、拙朴的造型之美，有的则充满现代城市的意味，展示出多种工业材质之美和现代感，还渗透着环境保护、废物利用的意识。

总之，开发与利用人文美术资源是一个复杂而系统的工程，需要政府、学校、社会和个人等多方面共同努力，通过整合资源、创新方法、加强合作和提供支持等措施，充分发挥人文美术资源的教育、文化和社会价值，为人们的精神生活和社会发展作出积极贡献。

第五章　学前儿童美术教育评价

学前儿童美术教育应在系统地、科学地和全面地收集、整理、处理、分析美术教学信息的基础上，对美术教学的价值作出客观而较为准确的判断，包括对课堂教学、学生、教师、作业等各方面进行综合评价。这就要求将美术教学评价的焦点指向学生的美术学习与发展，既关注学习的结果，又重视学习的过程，其目的在于促进美术教学改革，提高美术教学质量。通过美术教学评价改革，促进美术课程评价体系的完善，让美术教师能有效操作，检测美术课程实施与目标达成情况。

第一节　学前儿童美术教育评价的人文取向

儿童美术教学评价的体系建立、方法选择等固然重要，但更重要的是要把有利于学生心智的健康发展、有利于学生审美情趣的培养、有利于学生美术能力的提高、有利于课堂教学方法的优化作为教学评价的价值取向，使评价活动真正成为促进教学、促进学生全面发展的重要手段[①]。

① 王宁．让评价不再“蜻蜓点水”——对幼儿美术教育评价的几点思考［J］．幼儿美术，2022（3）：2-7.

一、学前儿童美术教育评价的人文内涵

学前儿童美术教育评价是依据美术学科教学目标，对儿童美术学习过程及结果进行价值判断，并为美术教育决策服务的活动，是对美术教育活动现实的或潜在的价值作出判断的过程。美术教育评价是研究教师的教和学生的学的过程。在美术教育评价中应立足于美术学科核心素养目标，以多元而全面的评价方式关注美术课堂、学生作业、教师教学，从而促进儿童全面发展及教师专业成长。

学前儿童美术教育要强调促进每个儿童的身心健康发展，培养儿童良好的品质。要注重主题思想的引领，构建符合儿童审美特征的美育模式，要以童真为上、以拙趣为美，通过发展性评价，激发学生主动探究的热情，培养学生的美术表现能力。

二、学前儿童美术教育评价的人文取向的体现

美术是人类文化的一个重要组成部分，学前儿童美术教育评价要以激发儿童对真、善、美事物的向往为目的，不仅要求美术教育内容丰富，而且要求美术教育形式多样，充分利用美术学科的特点培育儿童关键能力，塑造儿童良好品格。

（一）形成人文取向的评价观

在美术教育中，教师要树立促进儿童全面发展的评价观，要以提升儿童审美能力和人文素养为宗旨，关注儿童审美品质和能力的形成过程，灵活选用评价方式①。

1. 关注儿童的情感体验

在评价儿童的美术作品时，不仅要关注作品的技术层面，更要关注儿童在创作过程中的情感体验。鼓励儿童表达自己的感受，理解他们的创作意图，尊重他们的情感表达。

---

① 赵毅欣．评价在幼儿美术教学活动中的作用［J］．新教育时代电子杂志（教师版），2014（32）：230.

2. 强调儿童的个性发展

每个儿童都有自己独特的个性和天赋，在美术教育中应该尊重和鼓励儿童的个性发展。评价时应关注儿童在创作中的个性表现，鼓励他们发挥自己的想象力和创造力，形成独特的艺术风格。

3. 注重儿童的社会性发展

儿童美术教育不仅是个人技能的培养，更是社会性发展的过程。在评价中，应注重儿童在团队合作、沟通表达、批判性思维等方面的能力发展。鼓励儿童参与集体创作活动，培养他们的合作精神和团队意识。

4. 培养儿童的人文关怀

在美术教育中，可以通过引导儿童关注社会现象、自然现象、文化遗产等话题，培养他们的人文关怀。评价时应关注儿童作品中体现的人文关怀元素，如对环境保护的关注、对弱势群体的同情等。

5. 采用多元化的评价方式

为了更全面地评价儿童的美术作品和他们在美术教育中的表现，可以采用多元化的评价方式。除了传统的教师评价外，还可以引入自我评价、同伴评价、家长评价等方式，让儿童从不同角度了解自己的作品和表现。

6. 关注儿童的成长过程

在评价中，应关注儿童的成长过程而非单一的成果。通过记录儿童在美术创作中的成长轨迹，了解他们的进步和变化，为他们提供有针对性的指导和支持。

（二）关注人文发展的美术课堂评价

学前儿童美术教育发展性课堂评价的目标在于促进美术课程的发展，实现儿童个性成长与美术课程功能的转变相适应。美术课堂应创设民主、平等、宽松的学习氛围，要注重体现主体性教学，注意采取民主态度，支持儿童发表不同的意见，鼓励儿童积极探索。例如，某学前教师在上《小小手》一课时，与儿童一起探讨怎样把手画下来。儿童大胆地发表了自己的意见，有的儿童说可以把手放在纸张上，再用笔把它的外形描下来；有的儿童说可以把手用水沾湿一下，印到纸张上，再把外形描下来。这时，儿童的创造欲望得到了激活，作业表现形式丰富多彩。美术教育发展性课堂评价的出发点是着眼于发展与创新，在促进美术课堂教学发展与创新的同时，课堂评价本身也是不断发展与创新的。

（三）儿童美术学习过程评价

心理学家詹姆斯（James）说："人最本质的需要是渴望被肯定。"因此在学前儿童美术学习过程中，要坚持以鼓励为主的评价，帮助儿童增强自信心，激活儿童的美术创作思维，让他们主动地参与美术学习活动中。评价要贯穿课堂的始末，进行全方位的评价，促进儿童美术能力的提升。例如，某教师在教学《全家福》时，便摒弃了技法的讲授，而把着眼点放在儿童情感的激发、表现方式的多样化方面，放手让他们大胆展现自己的想法，再以交流的形式与儿童探讨，不失时机地点拨、提醒，让课堂成为师生共同交流信息和切磋学问的论坛。因此，要充分运用各种评价方式，激发儿童的美术学习热情，让儿童大胆运用美术语言进行自我表达。画无定法、创作无规，教师应让儿童充分展开想象，大胆而愉悦地表达内心的感受。

（四）儿童美术学业的评价

美术教师要改变传统的美术作业评价方式，关注儿童美术能力发展的多元化及个性化。在教学中，要逐渐把美术作业评价处理为美术学习的一个活动，通过这个活动安排，让儿童对美术的学习进入不同于平常的学习境界，儿童之间互相观赏、讨论、提建议等。采用儿童自评和互评、教师点评等多元化的评价方法，允许儿童有不同的思考、不同的理解，以独特的视角评价自己的作品，而不是简单地以"好""不好"为标准去衡量。

在美术教学评价中，要注重培养儿童进行研究性学习的热情，关注儿童在美术学习中生命成长的过程，提供给儿童发展个性的土壤，让儿童在主动探索、发展和自主体验中获得真切的学习感受，提高理解和运用绘画语言、技巧的能力，开启儿童创造之门，塑造儿童良好品格，真正发挥评价的导向功能，实现美术育人的目的。

第二节　学前儿童美术教育评价的基本原则

教育部颁布的《幼儿园教育指导纲要（试行）》（以下简称《纲要》）明确指出："教育评价是幼儿园教育工作的重要组成部分，是了解教育的适宜性、有效性，调整和改进工作，促进每一个幼儿发展，提高教育质量的必要手段。"因此结合《纲要》，学前儿童美术教育评价的目的就是对学前儿童美术教育活动的设计、实施过程及其结果进行有效的价值判断，有目的地、系统地对学前儿童美术能力发展和学前儿童美术活动进行客观了解，为进一步的美术教育和指导提供依据。

学前儿童美术教育评价是学前儿童美术教育课程中不可或缺的一部分。学前儿童美术教育的评价是一个整体的评价，不仅包括对儿童美术结果与发展状况的测量和评价，还包括对美术教育活动中教师的活动设计、组织、指导和效果的评价。具体来说，对学前儿童美术教育进行评价主要是出于以下考虑。

一是了解学前儿童的美术需要和兴趣。《纲要》指出："了解幼儿的发展需要，以便提供更加适宜的帮助和指导。"依据学前儿童的美术需要和兴趣进行美术教育活动，是美术教育有效开展的前提。了解学前儿童的年龄特点、兴趣、发展需要，不仅是幼儿园开展一切活动的前提和基础，同时也为教师制定教学目标、设计教学活动及在活动中给予儿童适时、适度、适宜的帮助与指导提供依据。

二是掌握学前儿童当前美术发展水平。通过评价，教师可掌握学前儿童当前的美术发展水平，包括他们的美术能力水平和美术活动过程中的身心发展水平。《纲要》指出：“全面了解幼儿的发展状况，防止片面性，尤其要避免只重知识和技能，忽略情感、社会性和实际能力的倾向。”只有根据学前儿童当前的美术发展水平，教师才能设计出符合实际的美术教育教学策略和方案。

三是反思美术教育的成败。通过对学前儿童美术教育的评价，可以及时发现美术教育过程中的新问题、新情况，验证教师制定的美术教育目标、选择的美术教育内容、活动的组织过程等是否符合儿童的年龄特点、发展水平，从而对教育活动的各个环节作出反思，总结出成功的经验和失败的教训。

四是促进美术教育的发展。对美术教育评价的根本目的是促进美术教育的发展。美术教育的发展有赖于学前儿童美术能力和教师美术教育质量的提高。经过对儿童美术能力及美术活动的评价和反思，教师还应根据对儿童以往发展水平的了解以及自己的教育知识与经验来预测儿童未来的发展，并进一步制定出新的教育目标以及与之相适应的教育方案，更好地促进美术教育的发展。

为了更好地实现学前儿童美术教育的目的，并且保证教学活动的顺利实施，在具体的学前儿童美术教育评价中要遵循以下原则。

一、目的性与客观性结合的原则

教育是人类特有的社会实践活动，突出的特性是目的性。教育评价是教育工作者的重要组成部分，因此要有目的地进行，不能随心所欲，想评什么就评什么，想怎样评就怎样评。学前儿童美术教育的评价标准必须突出素质教育，评价过程和评价结果都要服从于和服务于素质教育，这就是评价的目的性①。目的是主观的，只有与客观结合才能实现主客体统一。教育评价要尊重客观事实，对教育条件、教育过程、教育结果作出客观的价值判断，这就是评价的客观性。在制定评价标准时，不

① 许妮娜，朱巧玲．学前儿童美术教育活动与指导［M］．北京：中国轻工业出版社，2021．

能为了照顾某一评价对象而把不应该列入的条件故意列入。评价方法的选择、资料的收集，都要以客观事实为依据，不凭印象，不凭关系，不凭感情。儿童处于发展时期，情绪波动大，可塑性强。儿童美术教育的评价结果如果是客观的，会使他们增强信心、奋发向上；如果是不客观的，会挫伤他们的积极性，甚至放弃受教育的机会，从而违背评价的目的性。因此，学前儿童美术教育评价的目的性要与客观性相结合。

二、科学性与实践性相结合的原则

儿童美术教育要应用教育科学进行科学育人。评价标准要符合儿童生理学、儿童心理学、学前教育学等科学理论，构建科学的评价指标体系，做到整体完备性、指标层次性、相对独立性、规范先进性、权值合理性。运用教育测量和统计、心理测量和统计的理论，确保评价方法和评价结果的科学性。科学性是从理论角度思考问题，而教育评价旨在为儿童美术教育的改革和发展服务，因而教育评价要面向教育实践。评价标准不是抽象的条文，而是衡量教育实践的具体尺度、效度、区分度；评价过程不是为论证某一理论去收集材料和数据，而是对儿童美术教育实践进行调查研究；评价结果不是在理论上兜圈子，而是对儿童美术教育实践起指导作用。教育实践是教育理论的最初来源、发展动力和检验标准之一，教育实践是在不断发展的，教育理论也要与时俱进，跟上时代的步伐，进行理论创新，否则就经不起实践的检验。因此，学前儿童美术教育评价要坚持教育理论与教育实践双向联系、科学性与实践性相结合。

三、统一性与差异性相结合的原则

教育评价必须遵循教育方针、教育政策、教育法规，制定统一的标准。无论是对幼儿园的集体评价，还是对教育者和受教育者的个体评价，都不能有双重标准。只有评价标准一致，才能区分学前儿童美术教育工作的成败得失，使被评价者认识到自己在群体中的位置，对自己识长明短，相互间取长补短，逐步地化短为长。不过，学前儿童美术教育评价的统一性，是指教育目的的一致性、同一地区同一类型幼儿园美术评价标准的一致性。我国地域辽阔，区域间差别较大，各地儿童美术教育条件不同；我国是一个统一的多民族国家，56个民族的美术教育内容、美术教育形式和儿童美术教育的基础设施不同；我国经济所有制是以公有制为主体、多种所有制经济共同发展，与此相适应，幼儿园的所有制也是多种多样的，各种幼儿园之间存在差异。如果评价标准“一刀切”，就会用表面上的平等掩盖事实上的不平等。因此，需要制定多样化的评价标准，采取多样化的评价方法。

四、可比性与激励性相结合的原则

教育评价标准是通过相互比较而产生的，只有事物具有可比性，才具有评价的充分必要条件。否则，将失去评价的基础，不能发挥评价的功能并达到评价的目的。如通过学前儿童美术教育的横向比较，可以使评价对象明确自己在同类评价群体中所处的位置，增强动力或把压力转化为动力。通过学前儿童美术教育的纵向比较，可以使评价对象了解本单位的工作是进步了还是后退了，总结成功的经验或分析失败的原因，从而寻求进一步的改革和发展。因此，学前儿童美术教育评价要确定一个比较科学的、可信度高的类比参照系，提供充分的纵可比资料和横可比资料，具有可比性。比较的目的是激发评价对象深化改革、加快发展的动机，鼓励他们进行学前儿童美术教育的创新，全面提高教育质量和办学效益。为此，要灵活地运用目标激励法、相互激励法、自我激励法，增强他们的成就感和进取心，使可比性和激励性相结合。

五、单项评价和综合评价相结合的原则

单项评价是对教育评价对象某个侧面进行的评价，综合评价是对评价对象整体系统进行的评价。学前儿童美术教育分为几个方面，如绘画、手工、欣赏等，每个方面又有许多项目，各方面、各项目有相对的

独立性，有各自不同的任务和要求。为了使较差的方面得到改善，使弱项变为强项，需要进行单项评价，如儿童绘画评价、手工评价、欣赏评价等。但儿童美术活动又包含了以上几个方面，是由以上几个方面构成的一个整体。因此，学前儿童美术教育评价应从整体出发，在构建评价指标体系时，每个方面为一级指标，再逐项分解为二级指标、三级指标及其若干项目，从而反映评价对象的全体。只有对评价对象作出整体系统的综合评价，才能克服单项评价把本来完整的对象分割或孤立所造成的片面性或顾此失彼的弊病，才能提高学前儿童美术教育整体的质量和效益，这是学前儿童美术教育评价应把单项评价与综合评价结合的原因所在。

六、定性评价和定量评价相结合的原则

定性评价是对教育过程、教育状态、教育结果的性质作出价值判断；定量评价是对教育过程、教育状态、教育结果的数量作出价值判断。有些教育现象只能进行定性的描述，如儿童美术教师的创新精神就不能简单地予以量化。但在教育评价中只进行定性评价也不行，如某教师课堂教学的科学性、思想性、适应性、启发性、情感性、艺术性、主体性、实践性等方面都比较强，但其每个学期因故只上不到一半的课，因此不能评优。可见教育评价指标需要量化，用比率、数量统计、一定数量的事实说明、分等级等方式进行。学前儿童美术教育是一种极其复杂的活动，过分地强调量化，把复杂的教育现象简单地归为数量关系也是不科学的。事实上，学前儿童美术教育的很多方面难以量化，如儿童绘画。因此，学前儿童美术教育评价需要将定性评价和定量评价相结合。

七、静态评价和动态评价相结合的原则

静态评价是对评价对象已经具有的条件或已经达到的水平作出价值判断；动态评价是对评价对象的发展状态作出价值判断。静态评价便于

横向比较，动态评价着重纵向比较。静态是指暂时稳定和相对平衡的状态，为了观察和分析评价对象，需要进行静态评价[①]。但是，任何静态都是暂时的、相对的，而动态却是永远的、绝对的。就学前儿童美术教育来说，永远不会绝对停留在某种状态。进行教育评价，着眼点不仅是认识学前儿童美术教育的今天，更重要的是把握其明天；注意力不仅应放在评价对象确定的现状上，而且首先应当放在可以预见的发展前景上，如果不向前看，就会犯形而上学的错误。只有既看清现在，便于横向比较，又面向未来，着重纵向比较，才能增强学前儿童美术教育不断创新的动力，才能实现学前儿童美术教育的可持续发展。因此，学前儿童美术教育评价需要将静态评价与动态评价相结合。

八、教育评价与教育督导相结合的原则

教育督导是指根据教育方针、教育政策、教育法规，遵循自身的规律和原理，按照一定的程序和方法，对教育工作进行监督和指导。教育督导是教育评价的继续和深化，把评价结果上升到一定的理论高度来认识，并指导今后的教育实践。就学前儿童美术教育评价来说，指导不是指令，而是引导评价对象用教育的方针、政策法规、规律和原理来进行自我衡量、自我评价、自我教育、自我设计、自我发展。在此基础上，督促教师分析主观条件和客观条件，发扬优点，克服缺点，与时俱进。评价的内容也就是督导的内容，评价的指标也就是督导的目标，只有通过指导、督促达标，才能达到评价的目的，实现评价的意义。只进行评价而不进行督导，或者只一般地进行督导而没有具体的评价，都不可能使教育评价收到实效。为了推动学前儿童美术教育的改革和发展，促进学前儿童美术教育不断创新，应坚持教育评价与教育督导相结合。

---

① 封蕊．学前儿童美术教育与活动指导［M］．南京：南京大学出版社，2019.

第三节　学前儿童美术教育评价的主要方法

当前，随着核心素养理念的深入实施，美术教学改革应运而生，相应的美术教学评价改革也随之而来。开展儿童美术教学评价改革的根本目的是利用美术学科的特征及其独特的育人功能，落实立德树人根本任务，全面实施素质教育，促进儿童的全面发展。因此，在开展学前儿童美术教育评价时应注重面向全体儿童，充分体现核心素养理念，体现评价的基础性和发展性特征，同时要有利于儿童建立自信，发现和发展自身潜能，并朝着既定的目标，努力转变美术学习方式，促进自己可持续发展。

学前儿童美术教育评价大致包括两种方法：一是评价学前儿童美术教育的过程；二是评价学前儿童的美术能力。

一、评价学前儿童美术教育的过程

美术教育过程是从某一艺术表现的构思到完成作品的过程，其中既有内部的心理活动，又有外部的行为表现[①]。学前儿童美术教育过程的评价大体可以分为以下九个方面，除第九个方面，每个方面包括四种水平的行为表现。

（一）构思方面

构思方面是观察和评价儿童是否能在创造之前预先想好创造的内容和主题。儿童在这方面的行为表现可以分为以下四种水平。

①事先构思出主题和主要内容，动手之后围绕构思进行实践创造。

②预想出局部内容，完成一项后再做新的计划。

① 陈梵娅. 学前儿童美术教育的发展适宜性研究［D］. 上海：华东师范大学，2024.

③动笔后构思，由动笔的痕迹出发，想到什么就绘制什么。

④只有动作活动，没有形象创造，表现为在纸上随意涂抹或反复撕纸等。

（二）主动性方面

主动性方面是观察与评价儿童在发起和投入美术活动时的情况，具体可以分为以下四种水平。

①由自身兴趣、愿望支配，主动进行美术的相关活动。

②由特定材料引发，开始进行美术的相关活动。

③看到别人从事美术活动，自己跟着做。

④在成人的要求下开始进行美术的相关活动。

（三）兴趣性方面

兴趣性方面是判断儿童是否愿意投入美术活动，在活动中是否有热情、感到愉快和满足，具体可以分为以下四种水平。

①自动从事美术活动，对美术活动有极大的热情，完全沉浸在活动中。

②欣然从命，愉快地从事美术活动，在做的过程中会自言自语地流露出愉快之情。

③对美术活动迟疑不前，活动中企图离开或张望别人在做什么。

④拒绝参加美术活动。

（四）专注性方面

专注性方面是观察与评价儿童对美术活动的注意集中与持久程度，具体可以分为以下四种水平。

①能较长时间地持续从事已选定的活动，不受外界的影响，有时甚至第二天接着干。

②能在同年龄儿童正常可维持的时间内持续从事活动，中途偶有离开的现象发生，但还会主动回来，直到活动完成。

③需要鼓励才能把活动完成。

④不能把活动完成，中途进行其他活动。

（五）独立性方面

独立性方面是判断儿童能否自己决定活动任务并完成任务，具体可以分为以下四种水平。

①自己决定活动任务、解决问题，拒绝别人干涉，独立完成任务。

②主动请教他人，考虑别人的建议，然后自己完成任务。

③模仿他人完成自己的作品。

④接受并在他人的帮助下完成作品。

（六）创造性方面

创造性方面是判断儿童在美术活动中是否具有独创性、表现意识与能力，具体可以分为以下四种水平。

①别出心裁地构思与利用材料进行造型。

②重新组织以前学过的造型样式、方法和技能进行造型。

③重复以前学过的造型样式、方法和技能进行造型。

④只按教师当时传授的造型样式、方法和技能进行造型。

（七）操作的熟练性方面

操作的熟练性方面是判断儿童从事美术教育活动时动作是否灵活、准确，具体可以分为以下四种水平。

①掌握工具姿势正确、轻松，操作动作连贯、迅速、准确，一次性完成动作，作品质量高。

②掌握工具姿势正确，操作动作平稳但欠准确，中途需要修改，最终作品质量较好。

③掌握工具动作正确但相对来说比较笨拙，操作动作迟缓、准确性较差，有失误也不知道如何修改，作品有些粗糙。

④掌握工具的姿势笨拙有误，只有重复性的动作，不能完成作品。

（八）自我感觉方面

自我感觉方面是判断儿童对美术成果的看法，具体可以分为以下四种水平。

①自己认为很成功，主动请别人看自己的作品，并讲解作品的含义，能慷慨地将作品赠送给他人。

②对自己的作品感觉满意，但不主动展示，听到别人的赞美感到愉快，希望保留作品。

③认为不太成功，接受别人的看法，希望将作品交给教师。

④感到沮丧，对别人的反应无动于衷或有些抵触，对作品去向漠不关心或直接毁掉作品。

（九）美术习惯

美术活动中的习惯是多方面的，既是指个人的习惯做法、美术风格等，也是指大多数人自觉遵守的惯例和秩序。这里讲的是后者，共提出两项，目的在于判断儿童在美术活动中能否有步骤、有秩序地工作。

①工作的顺序性方面，具体可以分为以下四种水平。

a. 有顺序、有步骤地完成作品。

b. 弄错步骤，发现后主动纠正，完成作品。

c. 想到什么就做什么，混乱中完成作品，作品有缺陷。

d. 只能完成局部，作品半途而废。

②保持工具材料的秩序方面，具体可以分为以下四种水平。

a. 保持工具材料的固定位置，用时取出，用后放回。

b. 大致保持原位置，错放后能找到。

c. 一片混乱，用后乱放，取时找不到。

d. 不会取放，拿到什么就用什么。

二、评价学前儿童的美术能力

（一）儿童的自我评价

自我评价是带有浓厚情感体验的自我认识活动，它使学生成为评价和被评价的主体。以前我们常把儿童当作“美术知识的容器”，只是一味地对儿童进行知识和技能的指导，并以此为标准对儿童的美术学习进行评价，几乎没有时间让儿童进行自我评价，更忽视了培养儿童在美术学习活动中通过自我分析、自我反思、自我评价、自我决策而形成自我评价能力，以及自我评价能力对儿童自我发展的促进作用[①]。儿童的自我评价分为语言描述、问卷调查和建立学生档案三种方式。

1. 语言描述

即让儿童在美术学习活动中进行自我分析、自我评判，促进儿童的自我教育和自我发展。通过语言描述进行美术学习自我评价，不仅能锻炼儿童的语言表达能力，还能使其养成良好的、有条理的行为习惯和锲而不舍的精神。

2. 问卷调查

（1）文字式问卷

以简短、明了的形式让儿童对美术学习进行自我评价，其形式有填空题、是非题、选择题、连线题、问答题等。

（2）表格式问卷

把评价标准用表格形式表现出来，让儿童根据自己所能达到的目标进行自我评价。这样才能让儿童明确评价的目标体系，进而找出自己的差距，明确努力的方向。

3. 建立学生档案

建立学生档案的目的是把儿童美术学习的过程和结果用文字、图片等方式记录并保存下来，供研究、总结或传承。我们主张把建立美术学习档案与儿童自我评价结合起来，让儿童对自己学习过程中的情况和资料进行收集归类，以便进行自我总结，不断完善并促进发展。建立美术学习档案能提高儿童学习的主动性，促进其在原有的水平上发展，有效地提高美术学习的质量。教师也可以通过儿童的美术学习档案，了解儿童的学习态度和学习特点，了解儿童美术知识、技能的掌握情况以及学

① 李卓雅. 学前儿童美术作品评价现状及有效评价方法探究［J］. 最漫画·学校体音美，2018（24）：39.

习观念和方法的改进情况，发展儿童的潜能，了解儿童发展中的需求，及时给予针对性的指导。

（二）儿童相互评价

由于儿童与儿童之间更了解彼此的兴趣、爱好，更易沟通情感，在评价过程中应强调评价主体的多元化，要求儿童积极参与互动评价，促进评价双方沟通理解，建立积极、友好、平等和民主的评价关系，促进儿童个性的发展。儿童与儿童之间的评价可用语言直接表达，也可用互写评语的方式。

（三）教师对儿童的评价

1. 观察法

观察法，是指通过评价者的感官，对评价对象在自然状态下的活动表现或活动特点等，进行具有目的性和计划性、系统性和连续性的考察、记录与分析，从而对评价对象作出价值评定的一种方法。观察法具有自然性和直接性，是学前儿童美术教育评价的常用方法[①]。首先，观察法不需要儿童作出超出自身水平的反应，可以考察儿童在自然状态下的真实表现；其次，观察法可直接了解和客观记录儿童的行为，所得资料较少受评价者主观因素的影响；最后，评价者可以捕捉学前儿童美术活动的过程，并考察儿童与周围事物的相互作用的关系。常用的观察法有行为核对法、情景观察法和现场实录等。如我们想了解美术活动是否有助于儿童形成积极的自我概念、发展自信心，可以观察、评价的项目见表5-l。

---

① 李晓宁．“学前儿童观察评价系统”在幼儿园美术活动的应用［D］．洛阳：洛阳师范学院，2020.

表5-1　发展儿童自信心指标要素评价项目

评价项目	评价结果			
	经常	一般	较少	从不
1. 教师注意尊重儿童				
2. 教师使用正面的、积极的语言对儿童进行评价				
3. 美术教育活动的设计与组织能帮助儿童表现能力、获取成功经验				
4. 儿童乐于表现自己				
5. 儿童在美术活动中表现出自信，并具有从事美术活动的相应能力				

在运用观察法时，应注意：第一，应考察儿童于自然状态下进行美术活动的真实表现与特点；第二，观察法可直接了解和客观记录儿童的行为，因此收集的资料具有客观性，但受每一个评价者观察的侧重点不同或其他评价者自身主观因素的影响，收集资料又往往具有局限性；第三，对于学前儿童美术活动全过程的考察，或考察儿童与周围事物、环境的相互作用的关系，可以运用情境观察法、比较观察法、项目观察法等。例如，想了解某一美术活动是否有助于激发儿童参与美术活动的热情和兴趣，可以针对这一观察项目，对活动全过程中儿童的参与性、专注性等进行细致观察。

2. 言谈评价法

言谈评价法是指教师与儿童进行面对面的交谈，以口头问答的形式来获取儿童有关资料的一种评价方法[①]。其优点在于谈话的过程比较灵活，获得的资料较为直接，有利于儿童充分发挥主动性，且简单易行、适用面广；其缺点在于获得的资料有一定的局限性，难以标准化，且儿童的心理状态容易受到教师提问时的态度、谈话水平、语气等影响，容

① 李婷. 幼儿园美术教育中的有效评价方法浅谈［J］. 作文成功之路（上），2018（8）：66.

易使调查的内容产生偏差。

在运用言谈评价法时，教师应做到以下几点。

①做好准备工作，如选择适当的言谈形式、设计好言谈的提纲、了解被评价儿童的基本情况、选择适当的言谈时间和地点等。

②与被评价儿童建立起良好的关系，创造轻松、自然、亲切、愉快的谈话氛围。

③要学会倾听，这是保证与儿童的谈话得以深入的重要方面。倾听是一种社交技巧，更是一种良好的修养和品德。教师不能武断地作出评价，也不能随便插话、随意打断儿童的思路，而应当耐心、安静地倾听，让儿童能够畅所欲言。

3. 档案袋评价法

档案袋评价法是指教师有目的、有计划、系统地收集各类能够真实反映学前儿童发展水平的典型表现以及在一段时间内具有代表性的美术作品，并以此为依据，分析和判断学前儿童美术能力发展状况的一种评价方法。档案袋评价法的保存方式一般有原始作品呈现、文字表述、照片呈现、录音录像等，教师需要在档案袋上注明儿童姓名、创作日期、儿童对作品的解释、记录的背景资料以及教师对儿童美术发展能力的评价等信息。例如，教师将儿童的纸工、泥工作品拍成照片，把儿童的绘画或剪纸作品标注日期，加入儿童自己对作品的解释和描述进行保存。

档案袋评价法强调真实资料的收集，重视儿童学习的过程，因此可以清晰地让教师看到儿童在一段时间内美术能力的成长变化。但是，由于档案袋所提供的资料易受时间、空间的限制及教师的主观影响，教师应根据实际情况对档案袋定期进行整理。

4. 测查评价法

测查评价法又叫“测试评价法”，是指通过预先准备的问题测查儿童的美术能力发展水平的一种评价方法。测查评价法能够同时对不同的儿童进行测试，在较短的时间内获得大量的信息，便于量化和统计分析。测试评价法由统一的测试题目和测试程序构成，运用测试评价法的基本步骤是编选测试题目、准备测试材料、设计记录表格和拟定评分标准。测试评价法的优点是可以同时对大量的对象进行测试，在较短的时间内获得大量的反馈信息，便于量化和统计分析。这种评价方法大多是作为绝对评价即对某一学前儿童的美术作品与理想的评价标准作比较而进行的。

一般来说，测查评价法主要包括以下几项内容。

①编选测试题目。教师根据评价的目的，设置测试的内容和题目，拟定简练、明确、通俗易懂的指导语，并对儿童提出统一的要求。

②准备测试材料。根据测查的内容，准备测查需要的画纸、画笔、手工操作材料和工具等，做好充分的准备。

③设计记录表格。记录表格一般用来记录儿童在测试过程中的美术操作表现和言语表现，是统计分析的原始材料。在设计表格时，教师应对儿童可能出现的各种情况事先加以归类，以便更加准确地对儿童的表现进行评价。

参考文献

［1］余玲．美术教育在学前教育中的作用——浅谈绘画活动与手工制作对幼儿能力培养和发展的重要性［J］．科教导刊（电子版），2014（16）：91．

［2］张曦敏．学前儿童美术教育［M］．南京：南京大学出版社，2013．

［3］高红星．从学前儿童美术创作看当前的儿童美术教育［D］．济南：山东师范大学，2022．

［4］陶颜．罗恩菲尔德美术教育思想在学前美术教育中的应用价值与意义［J］．中华手工，2022（5）：109–111．

［5］沈莹，郭粒．培养个性 鼓励创造——基于罗恩菲尔德美术发展阶段论的思考［J］．美化生活，2022（28）：148–150．

［6］王冬梅，刘煜婷．艾斯纳美术教育思想对我国美术教育的启发研究［J］．艺术教育，2022（5）：130–133．

［7］王媛．对西泽克儿童美术教育的思考［J］．艺术教育，2015（1）：191．

［8］尹蕾，吴丽萍，唐立娟．学前儿童美术教育［M］．南京：东南大学出版社，2017．

［9］林琳，朱家雄．学前儿童美术教育与活动指导（第4版）［M］．上海：华东师范大学出版社，2022．

［10］张星文．学前美术教育对儿童人格形成的重要性分析［J］．山海经：教育前沿，2019（2）：215．

［11］马亚雅．美术教育在学前教育中的作用——浅谈绘画活动与手工制作对幼儿能力培养和发展的重要性［J］．教学方法创新与实践，2020（2）：70–72．

[12] 张丽艳. 美术教学对学前儿童感知能力培养研究 [D]. 大连：辽宁师范大学，2020.

[13] 金昕. 儿童哲学视域下创造性思维的发展 [J]. 教育视界，2023（25）：70–74.

[14] 孟颖，王茜，赵元猛. 在美术教育中培养幼儿的创造力 [J]. 新智慧，2022（16）：106–108.

[15] 殷雪. 浅谈学前美术教育对幼儿的影响 [J]. 当代家庭教育，2023（16）：74–77.

[16] 袁翠婷. 针对美术活动对提高自闭症儿童注意力作用的观察与研究 [J]. 中华少年，2017（19）：2–3.

[17] 陈莹. 开展美术活动对幼儿学习能力提升探索 [J]. 今天，2020（18）：261，263.

[18] 马丽丽. 为小学美术创设开放性的教学空间的意义 [J]. 魅力中国，2021（10）：255.

[19] 费岭峰. 开放性教学的内涵 [J]. 小学教学研究，2001（11）：30.

[20] 洪小华. 翻转课堂趣味学习——核心素养视域下小学美术课堂趣味性教学 [J]. 天津教育，2023（24）：128–130.

[21] 撒力木格，曙光. 趣味教学法在初中美术教学中的应用 [J]. 中国科技经济新闻数据库·教育，2021（11）：171–172.

[22] 李懿人. 多元性教学方式在小学美术课堂的重要性 [D]. 桂林：广西师范学院，2024.

[23] 刘荣梅. 学前儿童美术教育及教学方法 [J]. 爱情婚姻家庭：教育科研，2020（11）：18.

[24] 罗礼娅. 核心素养视角下信息技术与美术教学的融合研究 [J]. 成功，2023（6）：71–74.

[25] 朱婧. 信息科技与美术教学互融的策略 [J]. 课程教材教学研究：小教研究，2023（7）：84–85.

[26] 王惠萍. 开发幼儿美术教育的人文资源 [J]. 江苏教育研究：职教（C版），2009（12）：33–35.

[27] 王宁. 让评价不再“蜻蜓点水”——对幼儿美术教育评价的几点思考 [J].

幼儿美术，2022（3）：2-7.

［28］赵毅欣．评价在幼儿美术教学活动中的作用［J］．新教育时代电子杂志（教师版），2014（32）：230.

［29］许妮娜，朱巧玲．学前儿童美术教育活动与指导［M］．北京：中国轻工业出版社，2021.

［30］封蕊．学前儿童美术教育与活动指导［M］．南京：南京大学出版社，2019.

［31］陈梵娅．学前儿童美术教育的发展适宜性研究［D］．上海：华东师范大学，2024.

［32］李卓雅．学前儿童美术作品评价现状及有效评价方法探究［J］．最漫画·学校体音美，2018（24）：39.

［33］李晓宁．“学前儿童观察评价系统”在幼儿园美术活动的应用［D］．洛阳：洛阳师范学院，2020.

［34］李婷．幼儿园美术教育中的有效评价方法浅谈［J］．作文成功之路（上），2018（8）：66.

［35］张晗．毕加索立体主义绘画对学前儿童美术教育的启示［J］．美术教育研究，2023（16）：100-102.

［36］肖琦，肖三岭．迷失与觉悟：学前儿童美术教育实践中的儿童立场［J］．早期教育：艺术教育，2023（3）：12-15.

［37］蔡宝玲．童“画”世界里的畅想——浅谈幼儿园美术教育中幼儿艺术创造力的培养［J］．当代家庭教育，2023（14）：72-75.

［38］王晔，李英梅．指向核心素养的学前儿童STEAM教育课程体系与教材资源建构［J］．宁波教育学院学报，2023，25（4）：21-25.

［39］王卓，张林燕．学前儿童家庭教育服务资源共享平台设计［J］．甘肃科技，2023，39（7）：79-83.

后 记

随着社会的不断发展和教育理念的不断更新，学前儿童美术教育正逐渐受到越来越多家长和教育者的关注。本书旨在为广大读者提供一个全面而深入的学前儿童美术教育指南，以期在激发儿童创造力、培养审美情趣和提高综合素质方面发挥积极作用。

在撰写本书的过程中，笔者收集并参考了国内外相关理论的文献资料，深入研究了学前儿童美术教育的理论基础，结合自身多年的实践经验，力求呈现出一个丰富多彩、富有启发性的学前儿童美术教育世界。笔者相信，通过本书的阅读，读者不仅能够了解学前儿童美术教育的现状和发展趋势，还能够掌握一系列有效的教育方法和技巧，为儿童的成长和发展提供有力的支持。

然而，学前儿童美术教育仍然是一个充满挑战和机遇的领域。在未来的发展中，我们需要继续探索更加适合儿童身心发展的美术教育内容和方式，注重培养儿童的观察力、想象力和创造力，让他们在美术的世界里自由翱翔。同时，需要加强与其他教育领域的交流和合作，共同推动学前教育的整体发展。

此外，随着科技的不断进步，数字化、智能化等新技术也为学前儿童美术教育提供了新的发展空间。我们可以利用这些技术为儿童创造更加生动、有趣的美术学习环境，让他们在游戏中学习、在探索中成长。

总之，学前儿童美术教育是一个充满无限可能的领域，它需要我们不断创新、不断探索，为儿童的成长和发展贡献更多的智慧和力量。笔者期待与广大读者一起，共同见证学前儿童美术教育的美好未来。

在本书的最后，笔者要感谢所有为学前儿童美术教育付出辛勤努力的家长、教育者和社会各界人士。正是他们的支持和关注，才使这个领域能够不断发展和进步。笔者也希望本书能够成为学前儿童美术教育道路上的一盏明灯，为相关研究者的探索和实践提供有益的参考和启示。未来，笔者将继续关注学前儿童美术教育的最新动态和实践成果，不断更新和完善本书的内容，为广大读者提供更加优质的教育资源和服务。

白　静

2024年2月